Kai-Uwe Küchler

HURTIGRUTEN

FLECHSIG

Kai-Uwe Küchler

HURTIGRUTEN

Inhalt

Erste Seite:
Das nordgehende Hurtigruten-Schiff verlässt den Hafen von Rørvik. In wenigen Stunden wird der nächste Hafen erreicht sein. Es ist problemlos möglich, nur einzelne Abschnitte der Passage zu fahren.

Seite 6/7:
Hurtigruten-Schiffe bleiben meist dicht an der Küste, was zwei Vorteile bringt: Es herrscht geringer Seegang und die Passagiere haben immer etwas zu sehen.

Seite 8/9:
Vom Kai in Kabelvåg auf den Lofoten starten viele Angler zum Hochseefischen. Begehrt sind Dorsch, Heilbutt und Seelachs. Der Hafen begann Anfang des 20. Jahrhunderts zu versanden. Deshalb können heute nur kleine Boote hinausfahren.

Seite 12/13:
Die Brønnøysundbrua verbindet elegant die beiden Ufer der Stadt. Landschaftlich schön am Kystriksveien (so wird der Abschnitt der RV 17 zwischen Steinkjer – Bodø genannt) gelegen, markiert der Ort in etwa die Mitte dieser Panorama-Straße. Die Hurtigruten-Schiffe legen im Zentrum an.

Ein beliebtes Motiv auf den Lofoten ist die Kapelle von Sildpollnes. Sie liegt mitten im Austnesfjord. Der Fjord ist auch ein gutes Angelrevier.

Hurtigruten – Seereise mit dem Postschiff

Wir schreiben den 2. Juli 1893. Kapitän Richard With gibt den Befehl zum Ablegen. Seine Gesichtszüge sind angespannt. Konzentriert manövriert er die D/S Vesterålen aus dem Hafen von Trondheim. Vor ihm und seiner Crew liegen 67 Stunden Fahrt. Neun Häfen müssen angelaufen werden, um Waren pünktlich und ohne Schäden auszuliefern. Dann soll das neue Schiff über „die schnelle Linie“, so die Übersetzung von „Hurtigruten“, im Zielhafen Hammerfest einlaufen.

In den nächsten knapp drei Tagen wird er die Brücke kaum verlassen. Besonders zu nachtschlafender Zeit ist höchste Aufmerksamkeit geboten. Es gibt keine genauen Seekarten von Norwegens Küste, geschweige denn Radar oder Echolot. Richard With fährt nach Aufzeichnungen, die er und der Lotse Anders Holthe in den vergangenen Jahren angefertigt haben.

Die Fahrt entlang der Küstenlinie mit all den Inseln und Untiefen galt als großes Wagnis, und die Post in den hohen Norden war vor 1893 über drei Monate unterwegs. Zweimal im Jahr gab es einen offiziellen Auftrag, Post von Trondheim zur weit im Norden gelegenen Festung Vardøhus zu befördern. Diese Aufgabe hatte eine „Staffelpost“ zu bewältigen. 1. Etappe: Zunächst ruderten acht Seeleute die Fracht von Trondheim nach Bodø. 2. Etappe: Ein neues seetüchtiges Team übernahm die Post und transportierte sie bis Tromsø, wo die 3. Etappe begann. Sie führte bis Alta. Nach drei Monaten war das Werk schließlich vollbracht. Später, Mitte des 19. Jahrhunderts, wurden Dampfschiffe eingesetzt, aber der Postweg war noch immer langwierig und blieb sporadisch.

Richard With will die Strecke von Trondheim bis Vardøhus in weniger als einer Woche absolvieren. Anfangs wird

Linke Seite:
Der Raftsund trennt die Lofoten von den Vesterålen. Die herrliche Landschaft hatte einen großen deutschen Verehrer. Kaiser Wilhelm II. verbrachte in Digermulen oft seinen Urlaub.

Die MS Lofoten gehört zu den Schiffen der ältesten Generation. Lounges und Kabinen sind geschmackvoll mit viel Holz in einem urigen Ambiente eingerichtet.

er wegen dieses Planes belächelt. Denn um dieses Ziel zu erreichen, müssten die Schiffe auch nachts fahren. Undenkbar. Keine Versicherung würde ein solches Risiko übernehmen. Widerstände türmen sich auf. Doch With lässt sich nicht beirren. Mit Kompass, Notizbuch, Uhr und Log müsste es möglich sein, in der Nacht zu fahren.

Als im Jahr 1891 dann tatsächlich eine staatliche Postschifflinie zwischen Trondheim und Vadsø ausgeschrieben wird, sieht Richard With seine Chance gekommen. Er bewirbt sich und erhält den Zuschlag. Es sind seine genauen nautischen Kenntnisse, Informationen und Erfahrungen, die ihm den entscheidenden Vorsprung vor anderen Bewerbern verschafft hatten. Nun gilt es, den Beweis für die Richtigkeit seiner Pläne anzutreten.

Was nach dem Ablegen in Trondheim folgt, ist eine Triumphfahrt für die flaggengeschmückte D/S Vesterålen. In den Häfen wird das Schiff mit Hurrarufen empfangen. Die Waren werden pünktlich ausgeliefert. Nordnorwegen hat nun auch im Winter eine zuverlässige und regelmäßig verkehrende Nord-Süd-Verbindung und damit Zugang zu den Weltmärkten.

Ausbau der Verbindung

Nach der geglückten Pionierfahrt folgen schnell andere Reedereien dem Beispiel. Plötzlich sieht man das wirtschaftliche Potential der Linie. Die Westküste Norwegens war schon immer äußerst fischreich, und der Fisch muss transportiert werden. So wird in den nächsten Jahren der Linienverkehr ständig ausgebaut. Die einzelnen Abschnitte der Passage werden von unterschiedlichen Reedereien bewirtschaftet. Eine Zeit lang existieren drei Linien gleichzeitig, die jeweils ein Teilstück befahren.

1898 erfolgt die Verlängerung der Strecke nach Bergen und Stavanger. Doch die heutige Ölmetropole im Süden war schon Anfang des 19. Jahrhunderts durch das Straßennetz gut zu erreichen, sodass die Postschiffe Stavanger ab 1919 nicht mehr anlaufen. Seitdem ist Bergen der südliche Ausgangs- und Wendepunkt der Reise. Ein Staatsvertrag von 1911 legt schließlich Kirkenes an der russischen Grenze als nördlichen Wendepunkt der Hurtigruten-Linie fest. Ab 1914 haben Einheimische aus dem Nordosten Norwegens und die Nachbarn aus Russland und Finnland die Möglichkeit, leichter in den Süden zu kommen – die Schiffe verkehren zwei

Linke Seite:
Die Festung Bergenhus ist seit dem 12. Jahrhundert eine weithin sichtbare Landmarke für Schiffe, die Bergen anlaufen. An strategisch günstiger Stelle erbaut, schützte sie natürlich auch Hafen und Stadt. Heute ist die Anlage eine der Sehenswürdigkeiten Bergens.

Die MS Richard With kurz vor dem Auslaufen aus dem Heimathafen Bergen. Vorher wurde das Schiff komplett gereinigt, die Vorräte wurden aufgefüllt und Fracht gelöscht beziehungsweise neu beladen. Hier steigen auch die meisten neuen Passagiere zu.

Mal wöchentlich. Im Sommer 1922 erweckt Hurtigruten die Inselgruppe der Vesterålen aus ihrem Dornröschenschlaf. In diesem Jahr wurde endlich die Risøyrenna (die Risøyrinne) – ein schmaler Seeweg zwischen den Vesteråleninseln Sortland und Risøyhamn – tief genug ausgebaggert, um den Dampfern die Durchfahrt zu ermöglichen – ein Ereignis von nationaler Bedeutung. Sogar König Håkon VII. kam zur Einweihung des Kanals. Erneut hatten die Schiffe zur Einigung des Landes beigetragen, denn bis dahin musste Hurtigruten die Inselgruppe im Westen „liegen lassen".

Ab 1936 konnte sogar ein täglicher Verkehr auf einer durchgehenden Linie aufgenommen werden. Die verschiedenen Reedereien hatten sich zusammengeschlossen. Alle Hurtigruten-Schiffe wurden mit einem Radiotelefon, Echolot und Radiopeilsender ausgestattet. Die Flotte zählte jetzt 14 Schiffe, die die Passage zuverlässig befuhren. Im Sommer wie im Winter – an 365 Tagen im Jahr.

Rückschläge, Kriegsjahre und Wiederbeginn

Verschweigen wir nicht, dass Hurtigruten auch mit Schwierigkeiten zu kämpfen und Rückschläge zu verkraften hatte. Schon in Friedenszeiten verloren die Reedereien acht Schiffe durch Unfälle. 97 Menschen fanden dabei den Tod.

Die unsicheren Gewässer, Klippen, engen Passagen, Stürme, Nebel und natürlich die damaligen – gemessen an der heutigen hoch technisierten Navigationstechnik – primitiven Möglichkeiten, bei Wind und Wetter, Tag und Nacht die Schiffe durch all die Unwägbarkeiten dieser Strecke hindurch zu lavieren, forderten Tribut.

Und dann überraschte die friedliche Hurtigruten-Flotte der Krieg. Norwegen wurde von deutschen Truppen besetzt, allein fünf Schiffe wurden 1940 von den Angreifern versenkt, später bombardierten Briten und Russen Hurtigruten-Schiffe, weil sie diese irrtümlich für Versorgungsschiffe der deutschen Truppe gehalten hatten. Der Fährbetrieb musste eingestellt werden. Insgesamt neun versenkte Schiffe waren das traurige Ergebnis des Zweiten Weltkrieges.

Der Neuanfang gestaltete sich schwierig, aber schließlich mussten Güter und Bewohner transportiert werden. Der Lebensnerv Norwegens kam wieder in Schwung. Moderne Schiffe wurden in Dienst gestellt und mit neuster Navigationstechnik ausgerüstet. Seit 1952 treiben Dieselmotoren die Schiffe an. Mittels

Linke Seite:
Einer der spektakulärsten Fjorde Norwegens ist der Trollfjord, ein Seitenarm des Raftsunds.
Er ist 2,5 Kilometer lang und an einigen Stellen nur 100 Meter breit. In der Regel wird der Fjord auf der südgehenden Tour von den Schiffen angesteuert.

Ausblick in Fahrtrichtung gibt es nur gegen Aufpreis. Dann muss man für die herrlichen Naturschauspiele nicht einmal die Kabine verlassen.

eines Auslegerkrans konnten jetzt sogar Fahrzeuge auf den Postschiffen transportiert werden. Auf dem Vordeck hatten vier Autos Platz. Diese waren allerdings dem aggressiven Salzwasser ausgesetzt, das in Kombination mit der auch in Norwegen scheinenden Sonne interessante Muster im Lack hinterlassen haben dürfte.

Und noch einen Schock musste die Linie verkraften. 1962 lief die MS Sanct Svithun zwischen Trondheim und Rørvik auf Grund und sank. 41 Menschen kamen dabei ums Leben. Es war die größte Katastrophe, die Hurtigruten in Friedenszeiten traf.

Was hat Norwegens Öl mit der Postschifflinie zu tun?

Heiligabend 1969: Wissenschaftler entdecken vor der Küste Stavangers riesige Erdöl- und Gasvorkommen. Damit wandelt sich fast alles im Land. Indirekt ist auch die Hurtigruten-Linie betroffen. Das Weihnachtsgeschenk beschert dem Land Reichtum. Internationale Ölgesellschaften finden sich ein, und die Bohrinseln im Meer bringen Arbeitsplätze und gute Verdienste. Norwegen lebt auf.

Ein nationaler Geldfond wird angelegt, sodass unter anderem Verbesserungen der Infrastruktur möglich sind. Eine ‚Herkulesaufgabe' wird angegangen: Straßen und Flughäfen im Land der unzähligen Fjorde und Berge werden gebaut. Bald sind bisher unzugängliche Regionen mit dem Auto oder Flugzeug erreichbar. Allerdings sinkt nun das Frachtaufkommen der Hurtigruten-Schiffe. Zwar wird die Passage bei Touristen immer beliebter. Doch die Post und eben auch Fracht werden mit dem Flugzeug (oder dem LKW) transportiert. Das geht schneller.

Hurtigruten wurde von Anfang an mit Subventionen des norwegischen Staates betrieben. Vor allem in den Wintermonaten konnte – und kann – sich die Linie nicht tragen. Doch schließlich hatte der norwegische Staat kein Interesse mehr daran, die Fahrkarten ausländischer Touristen zu subventionieren.

Anfang der Neunzigerjahre gerät Hurtigruten in „schweres Wasser". Immer lauter werden Stimmen, die eine Streichung der Subventionen verlangen. Doch das käme der Einstellung der Linie

Linke Seite:
Landschaftlich gehört die Strecke zwischen Reine und Hamnøy auf den Lofoten zu den schönsten Abschnitten. Um diese einmalige Gegend zu erkunden, lohnt eine längere Unterbrechung der Rundreise in Svolvær.

Erholung und Ruhe wird bei einer Rundreise mit Hurtigruten groß geschrieben. Bei schönem Wetter halten sich viele Passagiere an Deck auf. Der Fahrtwind wird von Plexiglasscheiben abgehalten.

gleich. Das wissen sowohl die Reedereien als auch die Einwohner Nordnorwegens. Schließlich kommt es zu einem „Abstimmungskrimi“ im norwegischen Parlament. Hitzige Debatten über Erhalt oder Einstellung der Linie werden geführt. Es geht um Sein oder Nichtsein.

Doch jetzt zeigt sich, was Hurtigruten für die Norweger bedeutet. Die Postschifflinie ist zu einem nationalen Symbol geworden. Die „Reichsstraße Nr. 1“ (so die offizielle Bezeichnung der Passage bis in die Neunzigerjahre hinein) soll nicht einfach stillgelegt werden. Reedereien und die Abgeordneten der nördlichen Provinzen kämpfen um den Erhalt der Linie. Mit nur zwei Stimmen Mehrheit wird schließlich für Hurtigruten gestimmt. In Zukunft soll verstärkt auf den Tourismus gesetzt werden. Ein Stück norwegischer Identität ist gerettet.

Hurtigruten heute

Bereits das erste Hurtigruten-Schiff war Postdampfer, Frachter und Passagierschiff zugleich. Das hat sich bis heute, gut 115 Jahre später, nicht geändert. Mit dem Unterschied, dass die Passagierzahlen im Laufe der Jahre stetig gestiegen sind und der Frachtanteil immer mehr zurückging. Die Schiffe wurden größer und komfortabler. Diese Entwicklung spiegelt sich in der Flotte wider.

Es wurde massiv in neue Schiffe und Konzepte investiert. Die Passagierzahlen gingen steil nach oben. Das Konzept der Reedereien scheint aufzugehen. Mittlerweile hat der Tourismus dem Frachtverkehr den Rang abgelaufen. Als Zugeständnis an die Rundfahrtpassagiere wurde die Fahrt in den Geirangerfjord aufgenommen und ein umfangreiches Ausflugsprogramm aufgelegt.

Eine Hurtigruten-Reise in Zahlen liest sich eher nüchtern: 34 Häfen auf 2500 Seemeilen werden angelaufen. Dieselbe Strecke fährt man – zeitversetzt – wieder zurück. Zwölf Tage dauert die komplette Rundfahrt. Die Schiffe fahren mit einer relativ konstanten Geschwindigkeit von 16 Knoten (circa 30 km/h). Man kann aus einer Vielzahl von Ausflügen wählen, und im Durchschnitt nimmt der Rundfahrgast ein bis zwei Kilogramm an Körpergewicht zu (Achtung: Vermutung!) – sofern er nicht die kostenlosen Fitnesseinrichtungen der Schiffe nutzt.

Doch das Ganze ist mehr als die Summe seiner Teile. Den Touristen erwartet eine wunderbar entspannte und erholsame Reise mit Gleichgesinnten bei ständig wechselnden Ausblicken. Das Programm einer Hurtigruten-Reise sind die Natur, die Lichtstimmungen und die ganz besondere, nur erlebbare, Atmosphäre. Die meisten Passagiere fahren im Frühjahr und im Sommer auf den Schiffen der neuesten Generation (Informationen zur Flotte siehe Seite 87). Aber eigentlich ist es gleich, wann und mit welchem Schiff man reist: Die Landschaft ist zu jeder Jahreszeit grandios und einzigartig. Eine Fahrt mit Hurtigruten zählt zu den schönsten Seereisen der Welt.

Linke Seite:
Eine Fahrt in den Geirangerfjord gehört zu einer Norwegenreise. Täglich verlassen mehrere Ausflugsboote den Ort Geiranger. Auch die Hurtigruten-Schiffe unternehmen einen Abstecher in diese wunderbare Landschaft.

Links:
Ein Traumziel für Tausende Nordlandfahrer: Die Mitternachtssonne am Nordkap. Von Ende Mai bis Juli geht hier die Sonne nicht unter.

Seite 26/27:
Begegnung auf hoher See: Kurz vor dem Zusammentreffen ertönt das Horn mächtig von der Brücke. Crew und Passagiere versammeln sich an der Reling, um das Schwesternschiff zu grüßen.

Seite 28/29:
Die Norweger sind Meister beim Bau von Brücken. Elegant verbinden sie die einzelnen Inseln der Lofoten.

Die nordgehende Tour – Anfahrt und 1. Tag: Die Hansestadt Bergen

Seit 1898 ist die Hansestadt Bergen der südliche Ausgangs- und Endpunkt einer Hurtigrutenreise. Wie kommen wir dorthin? Es gibt unzählige Möglichkeiten. „Viele Wege führen nach Norwegen“, möchte man in Abwandlung eines berühmten Sprichwortes sagen. Um es nicht zu kompliziert zu machen, wollen wir hier zwei Möglichkeiten vorstellen:

1. Die „Turboanreise“ mit dem Flugzeug für Erholungssuchende, die nur über ein begrenztes Zeitpolster verfügen.
2. Die langsame Anfahrt mit einer der vielen Fähren für Reisende, die in der beneidenswerten Situation sind, sich Zeit nehmen zu können.

Zuerst also das Flugzeug: Ein Direktflug bringt uns heute von Berlin nach Bergen. Wer von München, Frankfurt/M. oder Hamburg startet, muss in Oslo umsteigen. Mittlerweile gibt es von jedem größeren Flughafen zumindest einen Zubringer für Flüge in den Norden. Aktuelle Informationen liefern das örtliche Reisebüro und das Internet.

Genießer nutzen die Fähre (z.B. von Kiel nach Oslo). Die an Luxusliner erinnernden Schiffe stimmen uns auf die Reise ein (und verführen zum Geldausgeben). Am Morgen nach der Überfahrt erleben wir den Oslofjord. In Norwegens Hauptstadt haben wir noch ein wenig Zeit, einen Bummel zu unternehmen, bevor wir zum Beispiel mit der Oslo-Bergen-Bahn über das Plateau der Hardangervidda nach Bergen fahren.

Natürlich sind auch die anderen Verbindungen nicht zu verachten, etwa die Anfahrt über Schweden, über Dänemark oder ... Nehmen Sie eine Karte zur Hand (sie ist auch später unverzichtbares Requisit) und wählen Sie Ihren Weg nach Norden, nach Bergen!

Mit circa 250 000 Einwohnern ist sie die zweitgrößte Stadt des Landes. Bergen hatte schon immer eine Sonderstellung in Norwegen. Fragt man die Einheimischen, sehen viele in ihr die heimliche Hauptstadt. Das sei dahingestellt; einen Titel trägt Bergen aber mit Recht und Si-

Linke Seite:
Der Fløyen bietet einen fantastischen Ausblick auf die Stadt Bergen. Eine Standseilbahn (Fløibanen) bringt Passagiere bequem zum Aussichtspunkt.

In der Schøtstuene trafen sich die Hanseaten nach getaner Arbeit zum geselligen Beisammensein. Dieser Aufenthaltsraum gehört zum Ensemble von Bryggen in Bergen.

JUHLS'
SILVER GALLERY

cherheit, nämlich den der „Regenhauptstadt Europas". Tatsächlich fällt hier im Jahresdurchschnitt drei mal mehr Regen als beispielsweise in Hamburg. Warum also sollte man bei solch ‚gruseligen' Wetteraussichten länger hier verweilen?

Nun, es regnet ja nicht immer. Und wenn die wärmende Sonne scheint, entwickelt die Stadt einen ganz eigenen Charme, bei dem uns beinahe das Wort ‚südländisch' auf der Zunge liegt. Dann stehen plötzlich Tische und Bänke auf den Straßen. Die Stadt vibriert. Cafés und Restaurants platzen, wie man so sagt, aus allen Nähten. Auf den Märkten und Plätzen tummeln sich die Kauf- und Schaulustigen. Der Tourist sollte es in diesem Fall den Einheimischen gleich tun und am pulsierenden Leben teilnehmen. Dazu gehören natürlich der Bummel über den Fischmarkt sowie ein Spaziergang durch das Hanseviertel Bryggen. Leute, die gerne den Überblick behalten, kommen um eine Seilbahnfahrt auf den Hausberg Fløyen nicht herum. Wer es lieber bodenständig mag, geht zur Marienkirche oder stattet der Festung Bergenhus einen Besuch ab. Und natürlich darf am Abend ein Restaurantbesuch nicht fehlen. In Bergen legt man großen Wert auf stilvolles Ausgehen.

Für den (wahrscheinlicheren) Fall von schlechtem Wetter hält Bergen interessante Museen und Ausstellungen bereit. Das Hanseatische Museum gibt einen Einblick in die Handelsaktivitäten der Deutschen. Schon im 14. Jahrhundert gründeten sie am Vågen (Hafen) ihre erste Niederlassung.

In den Rasmus-Meyers-Sammlungen sind über 1000 Exponate, darunter Werke von Edvard Munch, J. C. Dahl und anderen norwegischen Künstlern zu bestaunen. Und der schöne Dom von Bergen lädt zum Verweilen ein. Der Besuch des Freilichtmuseums Gamle Bergen (ein Teil der Altstadt wurde nach der Umgestaltung des Zentrums außerhalb wieder aufgebaut) oder des Edvard-Grieg-Museums in Troldhaugen ist hingegen nur bei längerem Aufenthalt zu realisieren. Egal wie sich das Wetter präsentiert, Bergen ist eine liebenswerte Stadt mit vielen Attraktionen, und es wäre ein Fehler, hier keinen Aufenthalt einzuplanen.

Bei all unserer Begeisterung für diese Stadt sollten wir aber nicht das rechtzeitige Einchecken (am frühen Abend) am neuen Hurtigruten-Terminal versäumen. Das Gepäck wird mit einem Förderband ins Innere des Schiffs transportiert. Wir steigen, wie im Flugzeug, über einen „Finger" zu. Jeder Rundfahrtpassagier bekommt eine Plastikkarte ausgehändigt. Sie ist Zimmerschlüssel und Bordausweis in einem. Die Durchsagen werden in Norwegisch, Englisch und Deutsch gehalten. Unsere Reise entlang der faszinierenden norwegischen Küste kann beginnen.

Linke Seite:
Die Holzhäuser von Bryggen in Bergen wurden von den Vertretern der UNESCO zum Weltkulturerbe erklärt. Bryggen bezeichnet die Wohn- und Speicherstadt der Hanseaten.

Ein Schlechtwettertipp für Bergen ist der Besuch des Hanseatischen Museums. In der interessant gestalteten Ausstellung bekommen Touristen und Einheimische einen Einblick in den Alltag der deutschen Hanseaten. Sie gründeten bereits in der ersten Hälfte des 14. Jahrhunderts am Hafen ihre Niederlassungen.

Erbaut im Schatten von mehreren Bergen (daher der Name), erlebte die Stadt im 13. Jahrhundert ihre erste Blütezeit. Immer mehr Norweger errichten in der reizvollen Umgebung der Stadt ein Wohnhaus. Für viele Einheimische ist sie die heimliche Hauptstadt des Landes.

Rechte Seite:
Bergen ist verkehrstechnisch sehr gut an den Rest des Landes angeschlossen. Auf der fast fährfreien Reichsstraße 13 (E 16) ist Oslo gut zu erreichen. Man kann aber auch per Eisenbahn – die Verbindung zwischen Bergen und Oslo ist eine der schönsten Europas – und natürlich mit dem Flugzeug beziehungsweise dem Schiff anreisen.

Linke Seite:
Was das Wetter anbelangt, hat Bergen einen schlechten Ruf. 2005 verzeichnete man über 250 Regentage. Trotzdem kann man auch hier spektakuläre Lichtstimmungen erleben.

Bergen wurde um den Vågen, den historischen Hafen, gebaut. Die Schiffe der Hurtigruten können hier jedoch nicht anlegen. Die Fahrrinne ist nicht tief genug. Der neue Terminal liegt ein wenig außerhalb des Zentrums.

Linke Seite:
Der Hafen von Bergen ist das Herz der Stadt. Die Produkte aus Nordnorwegen (vor allem Stockfisch) wurden hier umgeladen und dann nach Deutschland und Italien verschickt. Heute legen vor allem Fähren sowie Ausflugs- und Privatschiffe an.

Links:
Kein Besuch Bergens ohne einen Bummel über den berühmten Fischmarkt am Hafen. Wenn die Sonne scheint, ist hier immer etwas los.

Seite 40/41:
Bryggen hieß früher Tyske Bryggen – „Deutsche Brücke“. Bei der Restaurierung des Holzhausviertels wurden die meisten der historischen Gebäude und Räume erhalten und von Stadtplanern und Denkmalschützern für eine zeitgemäße Nutzung freigegeben.

SILD - FISK
ALFRED SKULSTAD
JULEHUSET
AUDHILD VIKEN

„Auge in Auge" – auf dem Fischmarkt in Bergen. Ursprünglich lautete der Name der Stadt Bjørgvin: „Wiese zwischen den Bergen".

Rechte Seite:
Im Holzhausviertel Bryggen beeindruckt, wie sorgsam Geschäfte und Gaststätten in die historischen Bauten eingefügt wurden. Historie und Gegenwart bilden eine gelungene Symbiose.

gården
BRYGGEN HUSFLID
SCHØTT
FRISØR
Bergen
Byspill

Linke Seite:
Die Marienkirche in Bergen hieß früher „Deutsche Kirche". Ihr Grundstein wurde im Jahr 1130 gelegt. Sie wurde nach dem Vorbild des Doms von Speyer errichtet.

Das Innere der Domkirche ist sehr stimmungsvoll eingerichtet. Das zum größten Teil gotische Bauwerk wurde im 12. Jahrhundert errichtet. Neben dem Altar ist auch eine Kanonenkugel zu besichtigen, die bei einer Seeschlacht vor Bergen im Mauerwerk stecken blieb.

Der Bau der Festung Bergenhus wurde von König Håkon Håkonsson im 13. Jahrhundert in Auftrag gegeben. Damals war Bergen Königssitz. Im 16. Jahrhundert wurde der Rosenkrantz-Turm, benannt nach dem Stadthauptmann Erik Rosenkrantz, in das Ensemble eingefügt.

Rechte Seite:
Die Håkonshalle in Bergen wurde eigens für die Feste von König Håkon Håkonsson gebaut und im Jahr 1261 eingeweiht. 1944 fiel der Saal bei einer Explosion zusammen. Er wurde aber originalgetreu wieder aufgebaut.

Im Untergeschoss des Hanseatischen Museums wird unter anderem auch die Verwendung diverser Arbeitsinstrumente der damaligen Zeit erläutert.

Rechte Seite:
Im oberen Geschoss des Hanseatischen Museums kann der Besucher einen Blick in die damaligen Wohnräume werfen. Mit dem Handel von Stockfisch – im Mittelalter in einigen Ländern Europas eine begehrte Fastenspeise – hatten die Kaufleute Wohlstand erlangt.

Fotografisk
atelier
Maler-
verksted

Linke Seite:
Gamle Bergen liegt heute außerhalb des Zentrums. Bei der modernen Stadtplanung waren über 40 Holzhäuser aus dem 18. und 19. Jahrhundert im Weg. Sie wurden nicht abgerissen, sondern hierher umgesetzt.

Von Bergen bietet sich ein Ausflug zur Edvard-Grieg-Villa bei Troldhaugen an. Grieg (1843–1907) lebte vor allem in Oslo, Kopenhagen, Leipzig und hier auf seinem Gut bei Bergen, wo er sich nach seinem Tod gemeinsam mit seiner Frau beisetzen ließ.

Am neuen Hurtigruten-Kai in Bergen beginnt und endet für die meisten Rundfahrtpassagiere ihre Reise. Der Bus vom Flughafen hält direkt vor dem Gebäude.

Rechte Seite:
Die Check-in- und Wartehallen wirken wie am Flughafen. Ein Förderband transportiert das Gepäck ins Innere des Schiffs.

Nach wie vor transportieren Hurtigruten-Schiffe Fracht und Fahrzeuge in den Norden und natürlich auch in die Gegenrichtung. Alle Schiffe, die nach 1982 gebaut wurden, besitzen eine seitliche Ladeluke.

Rechte Seite:
Der Zugang für die Passagiere erfolgt in Bergen über einen extra „Finger". Im Inneren des Schiffs erhält jeder Fahrgast eine Plastikkarte – Zimmerschlüssel und Bordausweis in einem.

Die nordgehende Tour – 2. Tag: Ålesund – Geiranger – Molde

Um 20.00 Uhr (Winterfahrplan 22.30 Uhr) ertönt das Kommando „Leinen los“. Das Schiff beginnt zu vibrieren. Durch den Hjeltefjord verlassen wir Bergen und sehen das großartige Panorama der sieben Berge. In der Nacht passieren wir die Mündung des Sognefjordes (mit 180 Kilometern der längste Fjord der Welt) und erreichen am frühen Morgen die Häfen Florø und Måløy. Meist werden die beiden ersten Stopps verschlafen.

Durch eine faszinierende Insel- und Schärenlandschaft nähert sich das Schiff dem westlichsten Punkt Norwegens. Die erste der insgesamt sechs sogenannten „offenen Passagen“ ist zu queren. Normalerweise führt der Kurs dicht an der Küste entlang. So entgehen die Schiffe dem Wellengang. Am westlichsten Punkt Norwegens ist dies nicht möglich. Selbst die Kapitäne haben Respekt vor dieser zwei Stunden dauernden Überfahrt. Das Westkap ist berüchtigt für seine mitunter extremen Wetterverhältnisse. Unvergessen das Jahr 1992, als hier ein fürchterlicher Sturm wütete, der große Zerstörungen hinterließ. Schiff- und Flugverkehr mussten eingestellt werden. Nur die Hurtigruten-Schiffe fuhren. Wie immer.

Im Herøyfjord haben wir wieder geschütztes Fahrwasser erreicht. Der nächste Hafen heißt Torvik. Auch hier ist kein langer Aufenthalt eingeplant. Trotzdem bietet Torvik sich als Ausgangspunkt für eine Exkursion auf eigene Faust an. Es ist immer möglich, die Reise mit dem Postschiff zu unterbrechen, um länger an bestimmten Orten zu verweilen. Ein späteres Schiff kann uns ja wieder mitneh-

Linke Seite:
Den schönsten Ausblick auf Ålesund hat der Besucher vom Hausberg Aksla. 1904 fielen hier 800 Holzhäuser einem Brand zum Opfer, doch in einer Rekordzeit von drei Jahren erstrahlte die Stadt in neuem Glanz, nun im zeitgemäßen Jugendstil.

Um Papageitaucher und Co. zu sehen, sollte man eine Norwegenreise im Frühjahr, ideal ist der Monat Mai, planen. In dieser Zeit kommen die meisten Seevögel zum Nisten an Land.

men. Von Torvik aus lässt sich Runde – der südlichste Vogelfelsen Norwegens – bequem erreichen.

Wer das Schiff nicht verlässt, erreicht gegen Mittag Ålesund. Hurtigruten macht genau im Stadtzentrum fest. Rüstige Wanderer besteigen den Hausberg Aksla. Nach 418 Stufen ist es geschafft. Der Lohn für den circa 30 Minuten dauernden Aufstieg ist die Aussicht auf das äußerst fotogene Panorama der Stadt.

Ålesund bekam erst 1848 die Stadtrechte. Heute finden wir hier den größten Fischereihafen Norwegens. Vor allem jedoch wegen der Häuser im Jugendstil ist Ålesund bekannt. 1904 verschlang ein Großbrand über 800 Holzhäuser. 10 000 Menschen wurden über Nacht obdachlos. Die Einwohner erlebten eine der größten Brandkatastrophen des Landes. Mit nationaler und internationaler Hilfe – auch der Norwegenfan Kaiser Wilhelm II. ließ Hilfsgüter liefern – wurde die Stadt in Rekordzeit von nur drei Jahren im damals zeitgemäßen Jugendstil wieder aufgebaut.

Im Winterhalbjahr bleibt genügend Zeit, durch die Straßen und Gassen der Stadt zu schlendern. Während des Sommerfahrplans jedoch ist die Liegezeit verkürzt. Denn in Ålesund beginnt – eine Konzession an den immer stärker steigenden Tourismus – der Abstecher in den Geirangerfjord. Von der UNESCO unter Schutz gestellt, verkörpert der vielleicht berühmteste Fjord Norwegens für viele Besucher und Einheimische das ultimative Norwegenbild. Bei der circa drei Stunden dauernden Fahrt durch den Stor-, Sunnylvs- und Geirangerfjord hält es nur wenige Passagiere in den Panoramasalons. Manchmal scheint man die imposanten Fjordwände berühren und die Schleier der Wasserfälle auf der Haut spüren zu können.

In Geiranger verlassen wir das Schiff (wer an Bord bleibt, erlebt die fantastische Welt des Geirangerfjordes noch einmal), um einen der schönsten Landausflüge zu unternehmen, der im Programm von Hurtigruten buchbar ist. Zuerst geht es mit Bussen auf den Adlerweg, eine spektakuläre Gebirgsstraße mit sagenhaften Ausblicken in den Geirangerfjord, bis nach Lingen und weiter zum 850 Meter hohen Pass des Trollstigen (Troll-Leiter). Dann nimmt unser Fahrer die elf Haarnadelkurven in Angriff. Die rasante Talfahrt hat manchen Passagier (und Autofahrer) schon tüchtig ins Schwitzen gebracht. Ein Abenteuer der speziellen Art.

Am frühen Abend erreichen wir Molde, die „Stadt der Rosen“. Tatsächlich ist die Gegend, verglichen mit anderen Gebieten Norwegens, klimatisch verwöhnt. Sie liegt im Schatten der Romsdal-Alpen, und auf der Seeseite schirmen zahlreiche Inseln Molde von den kalten Winden des Atlantiks ab. In diesem vergleichsweise milden Klima begannen die Einwohner Rosen zu züchten und hatten damit prächtigen Erfolg. Wir bekommen einen kurzen Eindruck bei einer Stadtrundfahrt, bevor wir wieder unser Schiff besteigen.

Linke Seite:
Ein seltener Moment der Ruhe für das Personal eines Hurtigruten-Schiffes. Der Job an Bord ist gut bezahlt, aber vor allem durch die Schichtarbeit auch sehr anstrengend. Die Norweger bieten ihren Gästen erstklassigen und freundlichen Service.

Wer auf die Idee kam, im rauen Klima Norwegens Rosen zu züchten, ist nicht übermittelt. In Molde – der Stadt der Rosen – hatten die Einheimischen damit jedenfalls guten Erfolg.

Der Hafen von Måløy wird auf der nordgehenden Tour meistens „verschlafen". Kein Wunder: Das Schiff legt dort um 4.30 (Sommerfahrplan) beziehungsweise 7.30 Uhr (Winterfahrplan) ab.

Rechte Seite:
Torvik schläft noch. Der Hafen des kleinen Dorfes markiert auf der nordgehenden Tour den dritten Hurtigruten-Stopp.

Mit circa 180 000 Seevögeln ist Runde der drittgrößte Vogelfelsen Norwegens und gleichzeitig der am leichtesten zugängliche. Die etwa 150 Einwohner der Insel sind äußerst gastfreundlich und hilfsbereit. Um Runde zu besuchen, muss man in Torvik die Rundreise unterbrechen und mit einem späteren Schiff weiterfahren.

Rechte Seite:
Der Aufstieg auf die Klippen von Runde ist ein wenig mühselig und dauert je nach Tempo zwischen 30 Minuten und einer Stunde. Trotzdem ist diese Wanderung lohnenswert, denn der Landweg (es werden auch Bootstouren angeboten) bietet die besten Möglichkeiten zum Fotografieren der Vögel.

Obwohl Runde heute einen gesicherten Bestand an Seevögeln aufweist, schwankte in der Vergangenheit ihre Anzahl teils beträchtlich. So ging nach der Überfischung des Herings in den Achtzigerjahren die Population an Papageitauchern, Basstölpeln, Lummen und Tordalken dramatisch zurück. Erst als der Fischfang gedrosselt wurde, stabilisierte sich auch die Zahl der Vögel wieder.

Rechte Seite:
Die Seevögel von Runde haben keine Scheu vor dem Menschen. Trotzdem muss ein gewisser Abstand zu den Tieren – dieser wird durch Markierungen angezeigt – eingehalten werden.

HARALD

Seite 66/67:
Abendstimmung über dem Hafen von Molde. Die meisten Hurtigruten-Passagiere bevorzugen das Frühjahr oder den Sommer als Reisezeit. Doch auch der Winter hat, wie hier zu sehen, seine Reize. Die Tage sind jetzt zwar kürzer, dafür sind wesentlich weniger Fahrgäste unterwegs.

Rechts:
Ålesund liegt geschützt im Schatten von bis zu 700 Meter hohen Bergen. Der Ort bekam 1848 die Stadtrechte. Lebten damals circa 11 000 Einwohner hier, sind es heute fast 40 000.

Rechte Seite:
Ålesund ist das Wirtschafts- und Dienstleistungszentrum der Sunnmøre-Region. Heute noch ist die Jugendstil-Stadt ein wichtiger Umschlaghafen für Stockfisch.

METZ
OLDEN
METZ

JUGENDSTIL
SENTERET
SVANE
APOTHEKET
ÅPEN
PUB

Linke Seite:
Zur Zeit des Winterfahrplans bleibt genügend Zeit für einen ausgiebigen Bummel durch Ålesund. Im Sommer ist die Liegezeit der Hurtigruten-Schiffe allerdings verkürzt, denn von hier startet der berühmte Abstecher in den Geirangerfjord.

Die Fassaden der Jugendstil-Häuser sind allgegenwärtig. Nach dem Großbrand von 1904 hatten die Einheimischen genug von der sonst in Norwegen vorherrschenden Holzhaus-Architektur. Von Steinhäusern versprach man sich einen besseren Brandschutz.

Eine Attraktion neueren Datums ist das Aquarium von Ålesund. Neben Fischen, die in Küstennähe leben, wird auch die Fauna des Atlantiks vorgestellt.

Rechte Seite:
Bis vor kurzem lag das Aquarium im Zentrum der Stadt. Der Atlanterhavsparken, vier Kilometer westlich des Zentrums, bietet ihm heute ein neues Domizil. Die Anlage ist jetzt größer und ansprechender.

Linke Seite:
Eine Norwegenreise ohne einen Abstecher in den Geirangerfjord ist kaum denkbar. Natürlich wissen auch Hurtigruten, was sie ihren Passagieren schulden. In der Zeit des Sommerfahrplans wird extra ein Abstecher in diese wunderschöne Gegend unternommen.

Links:
Zwischen Hellesylt und Geiranger bleibt niemand in der Kabine. Auch für die Kleinsten gibt es genug zu staunen.

Seite 76/77:
Der Ort Geiranger aus der Luft. Gut zu erkennen: Die Zick-Zack-Straße, welche wegen ihrer Aussicht den Namen Ørneveien (Adlerweg) führt.

Linke Seite:
Zwischen 9.00 und 10.00 Uhr laufen im Sommer die ersten Kreuzfahrtschiffe in Geiranger ein. Das ist eine gute Zeit, um vom Flydalsjuvet, einem Aussichtspunkt oberhalb des Ortes, eines der schönsten Panoramen Norwegens zu genießen.

Der Ort Geiranger am Ende des gleichnamigen Flusses ist einer der meistbesuchten Plätze Norwegens. Es gibt kein produzierendes Gewerbe – Geiranger lebt vom Tourismus.

Linke Seite:
Die Fahrt über die schmale und „halsbrecherische" Trollstigen-Straße bringt so manchen Busfahrer oder Campingwagen-Piloten ins Schwitzen. Für PKW- oder Motorrad-Fahrer bieten die Serpentinen Fahrspaß pur.

Ganz links:
Trollstigen, die Trollleiter, kann im Rahmen eines Hurtigruten-Landausfluges (Überlandfahrt Geiranger – Molde) besucht werden.

Links:
Hier sind elf Spitzkehren und weit über 800 Höhenmeter zu überstehen.

Links:
Wo wohl könnte dieses Schild vor Trollen warnen?

Molde nennt sich gern „Stadt der Rosen". Aufgrund des milden Klimas können hier noch Pflanzen wachsen, die eigentlich weiter südlich die Wachstumsgrenze haben.

Rechte Seite:
Kein Segelschiff, sondern ein Hotel prägt die Hafenansicht von Molde. Die Stadt liegt am Nordufer des Romsdalsfjordes. Haupterwerbszweig der Einwohner ist die Produktion von Möbeln und Leuchtstoffröhren.

Linke Seite:
Die Einwohner von Molde sind für norwegische Verhältnisse sonnenverwöhnt. In der Stadt wachsen auch Bäume wie Kastanie, Esche, Linde oder Ahorn.

Der Grund für das milde Klima sind die Romsdal-Alpen, in deren Schatten Molde liegt. Zusätzlichen klimatischen Schutz bietet auf der Seeseite der von hohen Bergen gerahmte Moldefjord.

KONG HARALD

Die nordgehende Tour – 3. Tag: Trondheim – Rørvik

Am nächsten Morgen erreichen wir um 6.00 Uhr früh die alte und neue Pilgerstadt Trondheim. Bis 10.00 Uhr liegt auch das südgehende Hurtigruten-Schiff im Hafen. Gelegenheit, ein anderes Fahrzeug der Flotte zu besichtigen. Obwohl die Schiffe sich äußerlich teilweise ähneln, hat doch jedes Boot seinen eigenen Stil, seine eigene Ausstrahlung. Dies ist vor allem ihrer künstlerischen Innenausstattung geschuldet. Renommierte Künstler haben Bilder mit Geschichten, Motiven und Themen aus der Küstenlandschaft Norwegens geschaffen.

Die Hurtigruten-Linie wird von einer beachtlichen Anzahl von „Postschiffen" befahren. 13 Schiffe halten die Verbindung zwischen Nord und Süd. Sie wurden zwischen 1956 und 2003 gebaut. Kenner und Insider unterscheiden drei Generationen.

Der ältesten Generation gehören die MS Lofoten und die MS Nordstjernen an. Die Atmosphäre auf diesen urigen Schiffen darf man getrost als nostalgisch bezeichnen. Lounges und Kabinen sind geschmackvoll mit viel Holz eingerichtet.

Zur mittleren Generation rechnet man zum Beispiel die MS Lyngen, die MS Vesterålen und die MS Narvik. Diese Schiffe wurden in den Achtzigerjahren gebaut und Mitte der Neunzigerjahre modernisiert. Sie haben eine geringere Passagierkapazität als die Schiffe der neuesten Generation, weshalb das Reisen mit diesen Booten oft als gemütlich und schon fast familiär empfunden wird.

Die Schiffe der neuesten Generation, wie zum Beispiel die MS Trollfjord, werden oft mit Kreuzfahrtschiffen verwechselt. Sie haben einen sehr hohen, fast schon luxuriösen Ausstattungsgrad. Der Passagier kann zwischen Kabinen unterschiedlicher Kategorien wählen, die von der Standardkabine bis zur Luxussuite reichen. Großzügige Panoramadecks gehören genauso zum Standard, wie Bibliotheken, Lounges, diverse Bars und Restaurants, Fitnessräume und internetfähige Computer.

Entspannend auf den Hurtigruten-Schiffen ist die ruhige Atmosphäre. Man hört keine lauten Nachbarn durch zu dünne Wände oder überlautes Motorengebrumme. Nur an das Geräusch der Toilettenspülung – diese funktioniert wie im Flugzeug mit Unterdruck – wird man sich schwer gewöhnen.

Trondheim. Unser Schiff liegt bis Mittag im Hafen. Genug Zeit, der Stadt einen Besuch abzustatten. Es werden geführte Touren angeboten. Die 15 Geh-Minuten ins Zentrum kann man aber auch auf eigene Faust absolvieren.

Linke Seite:
Die MS Kong Harald gehört zu den Schiffen der neuesten Generation. Namensgeber für dieses Fahrzeug ist niemand Geringerer als der norwegische König. Im Jahr 1993 – pünktlich zum 100-jährigen Geburtstag der Linie – wurde das Schiff in Dienst gestellt.

Jedes Hurtigruten-Schiff hat seinen eigenen Charakter. Von außen manchmal schwer zu unterscheiden, macht vor allem das Interieur den Unterschied. Hier ein Wandgemälde aus der MS Kong Harald.

Trondheim ist die drittgrößte Stadt Norwegens. Im Jahre 997 n. Chr. gegründet, spiegelt sie Geschichte. Schon um die Jahrtausendwende mauserte sich das damalige Nidaros zur Königsstadt. Und 1030 fand ganz in der Nähe, bei Stiklestad, eine für Norwegen bedeutsame Schlacht statt, in der König Olav Haraldsson fiel. Er hatte das Christentum durchgesetzt und die Einheit Norwegens erreicht. Nach seinem Tod wurde er heilig gesprochen, und Anno Domini 1070 begann man über seinem Grab den Dom zu errichten. Bald besuchten fromme Olav-Pilger das Grab des Heiligen.

In letzter Zeit scheint das Pilgern zu Olav dem Heiligen offenbar eine gewisse Renaissance zu erleben. Besonders deutlich wird dies zur Zeit der Olav-Festspiele Ende Juli/Anfang August, wenn die ganze Stadt auf den Beinen ist, um sich an Konzerten, Theateraufführungen oder Ritterspielen zu erfreuen. In Gottesdiensten und anderen religiösen Zeremonien wird des heiligen Olavs gedacht. Zentrum dieser Festspiele ist der Nidaros-Dom, das mit 102 Metern Länge und 50 Metern Breite größte mittelalterliche Bauwerk Skandinaviens, das als Krönungskirche dient. Neun Könige haben dort ihre letzte Ruhestätte gefunden. Das Westportal mit den 75 Skulpturen aus der Neuzeit ist die beeindruckende „Schauwand".

Lohnenswert auch: Ein Spaziergang durch die malerischen Holzhausviertel und zu den alten Speicherhäusern am Nidelv.

Wir aber müssen zurück auf unser Schiff. Pünktlich um 12.00 Uhr werden die Leinen gelöst. Am Nachmittag schlängelt sich das Schiff durch den engen Stokksund, und vor der Ankunft in Rørvik liegt die dritte offene Meeresstrecke (Folda) vor uns. In Rørvik empfiehlt sich der Besuch des Küstenkulturzentrums „Norveg".

Das moderne Museum beherbergt nicht nur eine der interessantesten Ausstellungen über das Leben an der Küste. Auch architektonisch hat dieser Bau eine Menge zu bieten. Der Neubau des Architekten Guðmundur Jónsson – ein Isländer – direkt am Wasser wurde 2004 eröffnet und hat schon internationale Architekturpreise eingeheimst.

Linke Seite:
Im Sommer bestehen gute Chancen, ein Stadtfest zu erleben. Wer seine Reise Ende Juli plant, kann in Trondheim beispielsweise die Olav-Festspiele besuchen.

In Rørvik erwartet die Passagiere die reizende „Sea-Sarah" – die Sarah aus dem Meer. Sie führt interessierte Gäste ins Küstenmuseum. Der Legende nach hat sie schon immer den Bootsleuten den Weg gewiesen.

Die MS Lofoten gehört zur ältesten Generation der Hurtigruten-Schiffe. Mit einigen Unterbrechungen versieht es seit 1963 seinen Dienst unter der Flagge der Postschiffe. Das Fahrgefühl darf man getrost als nostalgisch bezeichnen.

Rechte Seite:
Die MS Lyngen auf großer Fahrt. Das Schiff wurde 1982 gebaut und gehört zur sogenannten mittleren Generation der Flotte.

Linke Seite:
Auf allen Hurtigruten-Schiffen stehen Kabinen unterschiedlicher Kategorien für die Passagiere bereit. Hier der Zugang zu den Suiten auf der MS Trollfjord.

Welche Kabine darf es sein? Wer mit entsprechendem Geldbeutel reist und Wert auf gehobene Ausstattung legt, wählt wahrscheinlich eine der individuellen Suiten (unten links). Für Familien mit Kindern werden extra Betten bereit gestellt. In diesem Fall empfiehlt es sich, eine etwas größere Kabine (oben links) zu buchen. Auch eine Mini-Suite (oben rechts) bietet gehobenen Komfort. Die meisten Passagiere reisen gut und bequem in einer Standard-Kabine (unten rechts).

Panoramasalons, die verschiedenen Decks sowie Bars und Lounges sind für alle Passagiere geöffnet. Beim Interieur der Schiffe wurde viel Wert auf Details gelegt. Hier ein Gang auf der MS Midnatsol.

Rechte Seite:
Kenner der Flotte können anhand der Inneneinrichtung das jeweilige Schiff identifizieren. Hier eine Aufnahme auf der MS Richard With.

Am Abend gibt es ein Menü. Wer möchte, kann auch à la carte wählen. Meisterköche und zahlreiche versierte Helfer sorgen für das leibliche Wohl.

Rechte Seite:

Reichhaltig und schmackhaft sind die Speisen auf den Buffets der Schiffe. Am Morgen und zum Mittagessen bedient sich der Passagier selbst.

Getränke und das Abendessen werden vom freundlichen und schnellen Servicepersonal gebracht. Hurtigruten besitzen auch für Wein, Bier und Hochprozentiges eine Schanklizenz. Die Preise für Alkohol sind jedoch, wie überall in Norwegen, gepfeffert.

Rechte Seite:
Drängeleien und lange Wartezeiten an den Buffets gibt es auf den Hurtigruten-Schiffen nicht. Zu den Stoßzeiten wird in unterschiedlichen Durchgängen gegessen.

NOK 71.00

Linke Seite:
Selbstverständlich steht für eine Tasse Kaffee oder einen Snack zwischendurch eine extra Caféteria zur Verfügung. Diese wird oft von Tagespassagieren frequentiert.

Links:
Eine der schönsten Innenausstattungen besitzt die MS Polarlys. Sie gehört zu den Schiffen der neuesten Generation und kann bis zu 737 Passagiere befördern.

Seite 102/103:
Trondheim ist die drittgrößte Stadt des Landes. Sie liegt an der Mündung des Flusses Nidelva am Trondheimsfjord, circa 70 Kilometer vom offenen Meer entfernt. Die malerischen Speicherhäuser am Fluss passiert man auf dem Weg vom Hurtigruten-Kai in die Innenstadt. Das auf Pfählen gebaute Holzhausviertel (Bryggene) ist eine der Hauptattraktionen Trondheims.

PIZZA

Dickens

Linke Seite:
Die Skyline von Trondheim wird vom Nidaros-Dom dominiert. Von 1818 bis 1906 war er Krönungsstätte norwegischer Könige. Die Ursprünge der Stadt gehen auf das Jahr 997 zurück.

Besonders auffällig am 102 Meter langen Nidaros-Dom ist die Westfassade. An der filigranen Schauwand haben Persönlichkeiten aus der Historie als Skulpturen ihren Platz gefunden.

Im Inneren des Nidaros-Doms herrschen Einfachheit und Eleganz. Besonders auffällig ist das Rosenfenster in der Westfassade (unten links). Im Dom sind neun Könige begraben. Unter anderem ruhen hier die Gebeine von Olav Haraldsson, dem Heiligen, der die Christianisierung Norwegens vorangetrieben hat.

Rechte Seite:
Wunderschön, aber meistens verschlossen: Die St.-Georgs-Kapelle im Nidaros-Dom. Wegen der vielen Besucher muss sich die Standard-Führung auf das Hauptschiff und die Krypta beschränken.

Vor der Fahrt in den engen Stokksund hupen die Hurtigruten-Kapitäne, um entgegenkommende Fahrzeuge zu warnen. Einige Abschnitte sind von der Brücke des Schiffs nicht einzusehen. Kurz nach dieser Stelle biegt die Wasserstraße im Winkel von fast 90 Grad nach backbord ab. Die Kapitäne vollziehen hier ein spektakuläres Fahrmanöver.

Linke Seite:
Die MS Richard With durchfährt die schmale Passage des Stokksunds. Der Zick-Zack-Kurs hat schon so manchem Kapitän die Schweißperlen auf die Stirn getrieben.

Die Passagiere genießen die herrliche Landschaft und die zum Greifen nahen Ufer am Stokksund. Die Crew dagegen steht unter Höchstspannung.

Linke Seite:
Die Gewässer am Stokksund sind (noch) fischreich. Trotzdem gehen auch hier die Fangquoten der einheimischen Fischer zurück. Eine Alternative für die Zukunft könnten Fischfarmen sein.

Ein markanter Punkt auf diesem Abschnitt der Reise ist das rot leuchtende Kjeungskjær-Fyr. Der Leuchtturm liegt an der Einfahrt in das mit tausenden Schären übersäte Gebiet Frohavet.

FINNMARKEN

Linke Seite:
Höhepunkt dieser Passage ist das Durchfahren der 700 Meter langen und 41 Meter hohen Brücke kurz vor Rørvik, die den Schärengarten mit dem Festland verbindet.

Rørvik liegt geschützt im Scharengarten der Vikna-Kommune. Das Städtchen bildet den Verkehrs- und Handelsknotenpunkt dieser Gegend.

Architektonisch äußerst interessant ist das Küstenmuseum von Rørvik. Es beherbergt eine umfangreiche seehistorische Sammlung und Exponate aus der Woxengs-Sammlung.

Rechte Seite:
Die Ausstellung im Küstenmuseum ist modern und sehr ansprechend gestaltet. Beim Stopp im Hafen bleibt genügend Zeit für einen Rundgang.

POLARCIRKEL
1937
19 40

Die nordgehende Tour – 4. und 5. Tag: Polarkreis – Svartisen – Bodø – Svolvær – Tromsø

Für den nächsten Morgen ist die Überquerung des Polarkreises angezeigt. Gegen 7.30 Uhr gleiten wir hinüber ins Land der Mitternachtssonne. Dieses Ereignis muss gefeiert werden. Und zwar mit einer zünftigen Polarkreistaufe, zu der sich Neptun persönlich angesagt hat.

Auf der Steuerbordseite kann man bei klarem Wetter einen Blick auf den Svartisen-Gletscher werfen. Mit einer Fläche von rund 400 Quadratkilometern ist er der zweitgrößte Gletscher Norwegens. Wir buchen einen Ausflug dorthin. Kurz vor Ørnes werden wir ausgetendert. Ein kleines Boot bringt uns durch schmale Meerstraßen bis zum Pavillon bei Engabreen. Eine knappe Stunde Aufenthalt ist am Aussichtspunkt eingeplant. Danach bringt uns ein Bus über den schönen Kystriksveien in Richtung Norden.

Bei Bodø haben wir noch Gelegenheit, den Saltstraumen, jenen gewaltigen Gezeitenstrom, der der mächtigste der Welt sein soll, zu besichtigen. Viermal am Tag strömen im Wechsel der Gezeiten durch einen 2,5 Kilometer langen und etwa 150 Meter breiten Sund fast 400 Millionen Kubikmeter Wasser in den Fjord hinein und wieder heraus. Der Strom erreicht dabei Geschwindigkeiten von bis zu 40 Stundenkilometern und es entstehen gewaltige Strudel.

Nachdem wir in Bodø wieder unser Boot erreicht haben, verlassen wir die geschützte Küste Norwegens und durchfahren in den nächsten drei Stunden den Westfjord, der die Lofoten vom Festland trennt. Am Abend ist Svolvær, die größte Stadt der Lofoten, erreicht. Eine Stunde nur liegt das Schiff im Hafen. Zu kurz, um auf der nordgehenden Tour einen Eindruck von den Inseln zu bekommen. Wir haben gerade einmal Zeit, das „Magic-Ice-Museum“ – alles ist hier aus Eis gemacht – zu besuchen oder einen sehr kurzen Stadtbummel zu unternehmen. Die Lofoten werden wir auf der südgehenden Tour ausgiebiger erkunden.

Linke Seite:
Der Metallglobus zeigt es an: Hier verläuft der Polarkreis. Mit 66,56 Grad nördlicher Breite markiert der Breitenkreis die Linie, wo an den Tagen der Sonnenwende diese gerade nicht mehr auf- beziehungsweise untergeht.

Das „Magic Ice Museum“ in Svolvær liegt direkt am Hafen und lädt zu einem Kurzbesuch ein. Alles ist hier aus Eis gestaltet.

Am nächsten Morgen beginnt in Harstad ein neuer Hurtigruten-Tag. Auf der größten norwegischen Insel Hinnøya gelegen, ist die Stadt mit ihrem geschützten Hafen neben Tromsø das Handels- und Wirtschaftszentrum der Region Troms. Sehenswert sind die bei Harstad gelegene Steinkirche von Trondenes sowie das angeschlossene Museum. Die Kirche kommt kurz nach der Ausfahrt auf der Backbord-Seite in Sicht. Der Sage nach sollen hier im Jahr 999 die ersten Christen Norwegens getauft worden sein. Die jetzige Steinkirche stammt aus dem Jahr 1250.

Höhepunkt des heutigen Tages ist aber unzweifelhaft Tromsø. Gegen 14.30 Uhr fahren wir in den Tromsøsund ein und sehen schon von Ferne die elegante Tromsøbrua, die 1000 Meter lange Sundbrücke, welche die Insel Tromsøya mit dem Festland verbindet. Vier Stunden Aufenthalt geben genügend Zeit, sich einen ersten Eindruck von dieser schönen Stadt zu verschaffen.

Bei guter Sicht ist zu überlegen, ob man ein Taxi besteigt, um zur Talstation der Storsteinen-Gondelbahn zu gelangen. Der circa 420 Meter hohe Aussichtspunkt bietet einen atemraubenden Überblick.

Tromsø ist eine bunte Stadt, mit vielen Holzhäusern und mehreren Kirchen. Und dies, obwohl 1969 zahlreiche kostbare Zeugnisse schöner Hausbaukunst abbrannten. Tromsø hat einen modernen Flughafen und die nördlichste Universität der Erde. Die circa 66 000 Einwohner leben von Dienstleistungen, dem Hafen, vom Fischfang und Schiffsbau.

Die Stadt spielte eine wichtige Rolle während der Erforschung der Polarregionen. Ein Denkmal von Roald Amundsen hat einen Ehrenplatz in der Stadt. Als erster Mensch erreichte er 1911 den Südpol. 1926 überflog er mit dem Italiener Umberto Nobile in dessen Luftschiff erstmals den Nordpol. Und schon 1903/06 war es ihm mit seiner Mannschaft gelungen, die nordwestliche arktische Passage zwischen Amerika und Asien zu bezwingen. Von Tromsø aus trat er 1928 einen Flug an, um das verschollene Luftschiff Nobiles zu suchen. Er kehrte nicht wieder zurück. Wer mehr über die Erforschung der Polargebiete erfahren möchte, geht ins Polarmuseum.

Natürlich dürfen wir nicht die Eismeerkathedrale vergessen. Die Kirche beweist, welch architektonische Kunstwerke aus nüchternem Zement zu zaubern sind. Seit 1965 ist dieser moderne Eisberg zu einem Wahrzeichen der Stadt geworden. Im Innern herrschen Einfachheit und Modernität. Bemerkenswert ist die 140 Quadratmeter große Glasmalerei und die Orgel in luftiger Höhe.

Für den Passagier am bequemsten sind sicher die von Hurtigruten angebotenen Stadtrundfahrten. Aber die Höhepunkte sind auch auf eigene Faust gut zu erreichen. Trotzdem gilt es, die Uhr im Blick zu behalten. Immer wieder verpassen Passagiere in dieser Stadt die Weiterfahrt.

Linke Seite:
Eine elegante einen Kilometer lange Brücke verbindet in Tromsø die Insel Tromsøya mit dem Festland. Den besten Ausblick auf die Stadt bietet der Hausberg Storsteinen, auf den die Fjellheisen-Seilbahn hinaufführt.

Der Polarforscher Roald Amundsen hat einen Ehrenplatz in der Stadt. Er eroberte den Nordpol und war der erste Mensch am Südpol. 1928 startete Amundsen von Tromsø eine Suchaktion, um dem verschollenen italienischen Polarforscher Nobile zu Hilfe zu eilen. Von dieser Mission kehrte er nie wieder zurück.

Der Polarkreis auf der Seeseite wird durch einen stilisierten Globus markiert. In diesem Fall hat ein Sturm nur noch die Überreste der Metallkugel übrig gelassen.

Rechte Seite:
Der Berg Hestmannen nahe dem Polarkreis ist bei gutem Wetter leicht zu erkennen. Nach der Sage hatte sich der Pferdemann unsterblich in die schöne Leka, eine Tochter des Trollkönigs, verliebt, wurde von ihr aber zurückgewiesen.

Linke Seite:
An Bord eines Hurtigruten-Schiffes wird die Überquerung des Polarkreises mit einer zünftigen Polarkreis-Taufe gefeiert. Neptun persönlich hat sich angesagt.

Bevor das entsprechende Zertifikat (und ein wärmender Aquavit) zur erfolgreichen Polarkreisüberquerung „verdient“ ist, gilt es erst einmal, sich an die Eisstückchen im ungeschützten Nackenbereich zu gewöhnen.

Linke Seite:
Ein lohnenswerter Landausflug führt zum Svartisen-Gletscher auf dem Polarkreis. Es ist der zweitgrößte des Landes. Der Eisriese ist sowohl von See als auch von Land aus zu erreichen.

Passagiere, die den Svartisen-Gletscher besuchen möchten, werden an der Insel Grønøy ausgetendert. Das Manöver wird nur bei gutem Wetter durchgeführt.

Linke Seite:
Der Saltstraumen bei Bodø soll der größte Gezeitenstrom der Welt sein. Durch einen 2,5 Kilometer langen und etwa 150 Meter breiten Sund strömen im Wechsel der Gezeiten fast 400 Millionen Kubikmeter Wasser in den Fjord hinein und wieder heraus.

Nicht nur in Bodø bilden sich in den Sommermonaten lange Autoschlangen vor den Hurtigruten-Schiffen. Die Postschiffe fungieren auch als ganz normale Fähren, die schnell und ohne Umwege Mensch und Auto transportieren. Da die Ladekapazität begrenzt ist, empfiehlt sich in der Hochsaison eine langfristige Reservierung.

Linke Seite:
Svolvær ist die größte Stadt auf den Lofoten. Die circa 4000 Einwohner leben vor allem vom Fischfang und Tourismus.

Auf der nordgehenden Tour reicht die Landgangzeit nur, um den Torget (den Marktplatz) zu besuchen. Wer gut zu Fuß ist, schafft es bis zur Bogenbrücke an der Vestfjordgata. Von dort öffnet sich ein schöner Blick auf die Stadt.

Linke Seite:
Im Hafen von Harstad liegen zeitgleich das nord- und das südgehende Hurtigruten-Schiff im Hafen. Wenn die Liegezeit ausreicht, sind Passagiere und Gäste immer eingeladen, den anderen Fahrzeugen der Flotte einen Besuch abzustatten.

Harstad auf den Vesterålen ist neben Tromsø das wichtigste Handels- und Verkehrszentrum Nordnorwegens. Vor allem Fischverarbeitung, Schifffahrt und Schiffbau sind wichtige Wirtschaftsfaktoren.

Risøyhamn liegt direkt an der Risøy-Rinne. Seit über 200 Jahren ist der Ort ein wichtiger Verkehrsknotenpunkt. In der Nähe liegen einige der ergiebigsten Fischgründe Nordnorwegens.

Rechte Seite:
Am Hafen von Sortland endet der Landausflug „Inselpanorama Vesterålen". Innerhalb von vier Stunden bekommt der Passagier einen guten Einblick in das Leben der Menschen (und Tiere) auf dieser Inselgruppe.

Stamnes

Ausflug auf die Vesterålen. Vor Andenes bricht der Grund des Lofotbeckens fast senkrecht 1000 Meter unterseeisch ab. Hier findet der Pottwal ideale Lebensbedingungen.

Rechte Seite:
Auf ehemaligen Walfangschiffen können Norwegenbesucher „Moby Dick" einen Besuch abstatten. Die Sichtungsquote beträgt über 90 Prozent.

Rechts:
Schön eingerichtet und sehenswert: Das Trondenes Historiske Senter. Eine Ausstellung führt durch die norwegische Geschichte von der Zeit der Wikinger bis heute.

Rechte Seite:
Die Ursprünge der Kirche von Trondenes liegen um 1250. Sie ist die bedeutendste mittelalterliche Steinkirche Nordnorwegens.

Seite 140/141:
Tromsø ist eine der am schönsten gelegenen Städte Nordnorwegens. Mit circa 65 000 Einwohnern und einer Fläche von ungefähr 2500 Quadratkilometern ist sie die größte Metropole des Nordens.

98 725
618 714
944 642
943 057
1234567890
98 725
618 714
944 642
943 057
1234567890

Ein gelungenes Beispiel dafür, was man aus nüchternem Zement zaubern kann: Ishavskatedralen – die Eismeerkathedrale. Als Passagier sollte man nicht ihren Besuch verpassen. Lohnenswert sind auch die Mitternachtskonzerte, die man auf der südgehenden Tour erleben kann.

Rechte Seite:
Im Innern der Eismeerkathedrale herrschen Schlichtheit und Modernität. Bemerkenswert ist die 140 Quadratmeter große Glasmalerei sowie die Orgel (an der anderen Seite des Hauptschiffes) in luftiger Höhe.

Der Dom von Tromsø wurde 1861 im neugotischen Stil erbaut und bietet 750 Menschen Platz. Er ist heute eine der größten Holzkirchen des Landes.

Rechte Seite:
Stimmungsvoll eingerichtet und mit einer schönen Orgel ausgestattet ist der Innenraum des Doms von Tromsø. Das Gotteshaus wurde über einer mittelalterlichen Grabstätte erbaut.

570
179
143
139
336
808

Tromsø ist eine bunte Stadt mit unverwechselbarem Charme. Vor allem in der acht Wochen dauernden Zeit der Mitternachtssonne pulsiert das Leben.

Die Stadt besitzt viele Holzhäuser und dies, obwohl 1969 zahlreiche kostbare Zeugnisse schöner Hausbaukunst abbrannten. Tromsø hat einen modernen Flughafen und die nördlichste Universität der Erde.

Die südgehende Tour – 6. und 7. Tag: Honningsvåg – Kirkenes – Vardø – Berlevåg

Wer schon am heutigen, dem 6. Tag unserer Reise, Hammerfest sehen möchte, müsste sich bereits um 5.15 Uhr aus dem Bett quälen. Besser ist es wahrscheinlich, man dreht sich statt dessen noch mal gemütlich um, denn die Stadt wird auch auf der südgehenden Tour angesteuert. Heute gilt es für jeden Passagier, eine andere wichtige Entscheidung zu treffen. Nimmt er am Nordkap-Ausflug teil oder richtet er sich auf einen entspannten Tag an Bord mit längerem Aufenthalt in Honningsvåg ein. Der Nordkap-Ausflug wird auch auf der südgehenden Tour angeboten (Beschreibung siehe nächstes Kapitel). Verschieben wir ihn auf später, genießen wir die erholsame Ruhe an Bord, denn viele Passagiere sind zum Nordkap aufgebrochen.

Tatsächlich bietet Hurtigruten auch an Bord jede Menge Abwechslung. Zumindest die Schiffe der neuesten Generation sind mit modernen Fitnessräumen, einer Sauna und Whirlpools ausgestattet. Die Bibliothek steht allen Passagieren offen. Anziehungs- und Treffpunkt sind die Panoramasalons. Auf Animations- und Unterhaltungsprogramme wird bewusst verzichtet. Die Natur ist das Programm. Ton und Umgang zwischen Crew und Passagieren sind betont leger. Ballkleid und Smoking kann man getrost zu Hause lassen. Captain's Dinner = Fehlanzeige. Vielleicht ist es gerade die Mischung aus norwegischem Alltag – wir treffen ja immer wieder Einheimische und sehen in den Häfen den Be- und Entladeaktivitäten zu – und einem erholsamen, stressfreien und trotzdem erlebnisreichen Urlaub, die den besonderen Reiz einer Hurtigruten-Reise ausmacht.

Die Nordkap-Fahrer sind unterwegs, wir haben in aller Ruhe gefrühstückt und bummeln durch Honningsvåg. Die Stadt bietet interessante Motive. Vor allem im Hafen ist immer etwas los. Dann laufen wir hinauf zur Kirche, die als einziges Gebäude den Zweiten Weltkrieg unbeschadet überstanden hat. Danach geht es

Linke Seite:
Das Leben an Bord ist erholsam und stressfrei. Eine Fahrt mit dem Postschiff ist eine gute Gelegenheit, Hast und Hektik des Alltags hinter sich zu lassen.

Ein Sonnenbad an Deck? Mit der entsprechenden Kleidung und einem Windschutz ist das auch im Winter kein Problem.

über die Kirkegata und den Prestevannsveien weiter zu einem schönen Aussichtspunkt. Fotostopp. Entspannt kehren wir zum Schiff zurück.

Am Nachmittag sind die Ausflügler wieder an Bord und wir setzen die Fahrt, jetzt in östliche Richtung, fort. Die nächsten Häfen sind nicht mehr durch vorgelagerte Inseln und Schären geschützt, weshalb es auf diesem Abschnitt des öfteren kabbelig wird. Schließlich laufen wir am Morgen des 7. Tages in Kirkenes, dem Wendepunkt der Postschifflinie, ein.

Der Ort hat nicht allzu viel zu bieten. Im Hafen dümpeln ein paar rostende russische Trawler vor sich hin. Es wird ein Ausflug zur russischen Grenze angeboten. Viele Gäste, die nur eine Hälfte der Fahrt gebucht haben, steigen aus beziehungsweise zu. Wir aber freuen uns auf die südgehende Tour, denn noch liegen zahlreiche Höhepunkte vor uns.

Zuerst gilt es freilich, die Wetterkapriolen im Eismeer zu überstehen. Wer anfällig für Seekrankheit ist, sollte frische Luft schnappen und in Bewegung bleiben.

In Vardø haben wir den östlichsten Punkt der Reise erreicht. Sehenswert ist hier die als Achteck gebaute Festung Vardøhus. Sie wurde gegen Angriffe aus dem Osten errichtet. Allerdings musste sie sich nie verteidigen.

In der Stadt wurde dem Polarforscher Fridtjof Nansen ein Denkmal errichtet. Nansen und sein Begleiter kamen am 13. August 1896 hier an, nachdem sie am 14. März 1895 auf der berühmten Driftexpedition zum Nordpol die vom Eis eingeschlossene „Fram“ verlassen hatten, um mit Hundeschlitten und auf Skiern den Pol doch noch zu erreichen, was allerdings nicht gelang. Ihr fast eineinhalb Jahre dauernder Marsch durch das Eis war eine der abenteuerlichsten Expeditionen der Geschichte.

Am Ende dieses Tages erreichen wir das oft sturmgepeitschte Städtchen Berlevåg. Erst im Jahr 1973 gelang es den Einwohnern, nach verschiedenen Fehlversuchen, mit gewaltigen Betonklötzen ihren Hafen vor dem Meer zu schützen. Eine dieser Barrieren, die als Denkmal aufgestellt wurde, soll den „Sieg über das Meer“ symbolisieren.

Fragt man die Einheimischen auf diesem Abschnitt der Reise nach der Bedeutung, die die Schiffe der Hurtigruten für sie haben, werden viele der sonst eher zurückhaltenden Norweger fast überschwänglich. Gerade für die kleinen Orte hier im hohen Norden und Nordosten – elf der 34 Häfen liegen allein auf dem Teilabschnitt zwischen Tromsø und Kirkenes – waren und sind die Postschiffe von immenser Wichtigkeit. Seit vielen Jahren halten sie regelmäßige Verbindung mit der Außenwelt.

Linke Seite:
Kirkenes, der Wendepunkt von Hurtigruten, liegt nur zehn Kilometer von der russischen und 35 Kilometer von der finnischen Grenze entfernt. In dem circa 6000 Einwohner zählenden Ort herrscht Internationalität. Neben Norwegern leben und arbeiten hier Einwanderer aus 45 Nationen. Die größte ausländische Gruppe stellen naturgemäß die Russen.

Das Wetter im Nordosten Norwegens ist oft rau und ungemütlich. Viele Rundfahrtpassagiere unternehmen einen Ausflug zur russischen Grenze, der ganzjährig angeboten wird. Neben den Grenzanlagen ist der (wärmende) Souvenirshop ein Anziehungspunkt.

Die MS Finnmarken besitzt als einziges Schiff der Flotte einen Swimmingpool. Hurtigruten-Schiffe der neuesten Generation werden oft mit Kreuzfahrtschiffen verglichen.

Die Whirlpools auf der MS Trollfjord erfreuen sich nicht nur bei jungen Passagieren großer Beliebtheit. Dies ist sicher eine ganz spezielle Art, den Raftsund zu erleben.

Linke Seite:
Die Einfahrt in den Raftsund aus dem Blickwinkel des Panorama-Salons. Viele Gäste bevorzugen diesen gemütlichen und vor dem Wetter geschützten Aufenthaltsort. Die großen Fenster bieten einen guten Rundumblick.

Ein Besuch auf der Brücke bildet einen Höhepunkt der Reise. Meist wird Rundfahrtpassagieren diese Gelegenheit vom Kapitän eingeräumt. Hier ein Teil der Brücke auf der MS Richard With.

SART

Linke Seite:
Von der Brücke der MS Richard With haben Kapitän oder 1. Offizier einen hervorragenden Überblick. Bei Nebel oder schlechtem Wetter helfen elektronische Seekarten und modernste Technik, damit die Schiffe nicht vom Kurs abkommen.

Den Großteil der Strecke werden die Schiffe mit Autopilot gefahren. Nur bei schwierigen Manövern (zum Beispiel An- und Ablegen) wird von Hand gesteuert.

MIDNATSOL
JRC
BaBu
WWW.RUBBERDUCK.BIZ

Linke Seite:
Die Stadt Honningsvåg ist mit ihren etwa 3500 Einwohnern das Zentrum der nordnorwegischen Kommune Nordkap. Sie liegt auf der Insel Magerøya und ist außerdem Ausgangspunkt für die meisten Ausflüge zum Nordkap.

Der Hafen von Honningsvåg bietet interessante Motive. Das Städtchen ist die wichtigste Fischereisiedlung der westlichen Finnmark.

LINES
EKSPEDISJON
SPEDISJON
FORTOLLING
FLYFRAKT
ENES A.S
NOR-CARGO

Linke Seite:
Kirkenes markiert den Wendepunkt der Postschiffe. Im Ort selber gibt es nicht viel zu sehen. Interessant ist der Ausflug zur russischen Grenze.

Die MS Richard With auf großer Fahrt im Eismeer. Auch der Winter bietet nördlich des Polarkreises fantastische Lichtstimmungen.

Linke Seite:
Ein Ausflug nach norwegisch Lappland. Das Ziel heißt Kautokeino, ein Ort, in dem 85 Prozent der Einwohner Samen sind. Im normalen Alltag sind sie heute nicht von anderen Norwegern zu unterscheiden.

An Ostern treffen sich die Samen zu traditionellen Feierlichkeiten. An diesen Tagen sind die „Kofter", die Trachten, zu bewundern. Broschen und Filigranschmuck zeugen von handwerklichem Geschick und ästhetischem Geschmack. Der Schmuck und die Kleidunq sind einfach und schön. Wer ständig den Rentieren hinterher ziehen musste, konnte keine schweren Schätze mit sich schleppen. So entwickelten sie die Kunst, das wenige, das sie besaßen, ansprechend in Farbe und Form zu gestalten.

Rechts:
Zu Ostern ist in Kautokeino eine Menge los. Es gibt den Sami Grand Prix, Theatervorstellungen, ein Filmfestival und die Weltmeisterschaft im Rentierschlittenrennen. Letztere mit einer Sonderkategorie für Touristen.

Ganz rechts:
Ihren Besitz messen die Samen immer noch an der Anzahl ihrer Rentiere. Zu Tausenden durchstreifen diese nach wie vor die tundrenartige Landschaft Nordskandinaviens. Im Winter scharren die Tiere bis zu einen Meter tiefe Löcher in den Schnee, um an Moose und Flechten heranzukommen.

Rechte Seite:
Winter in Nordskandinavien. Merasjärvi liegt nur wenige Kilometer von der schwedisch-norwegischen Grenze entfernt.

Linke Seite:
Aus allen Teilen Lapplands kommen Samen nach Kautokeino, um gemeinsam Ostern zu feiern. Sich an den Festtagen zu versammeln, hat eine lange Tradition.

Norwegen bietet auch im Winter Traumlandschaften und fantastische Lichtstimmungen. Zu dieser Zeit bestehen gute Chancen, das Nordlicht zu erleben. Leider bezog sich kurze Zeit nach dieser Aufnahme der Himmel wieder.

Westlich von Kjøllefjord, dem Verwaltungszentrum der Kommune Lebesby, liegen am Beginn des gleichnamigen Fjords die markanten Felstürme der Finnkirka. Die wie eine Kirche geformte Felsformation zählt zu den schönsten an Norwegens Küste. Der Legende nach befand sich hier früher ein samischer Opferplatz.

Rechte Seite:
Selbst wenn es den ganzen Tag über verhangen und nebelig war, kann urplötzlich der Himmel aufbrechen und die Sonne scheinen. Im Wechselspiel von Wolken und Licht entstehen die berühmten Lichtstimmungen Nordskandinaviens.

Nach der Ausfahrt aus dem Varangerfjord erreicht das Schiff die offenen Gewässer der Barentssee. Hier ist es nicht möglich, im Schutz vorgelagerter Inseln zu fahren, weshalb es auch mal kabbelig werden kann. Glücklicherweise dauern diese sogenannten offenen Passagen nie sehr lange.

Rechte Seite:
An diesem stürmischen Tag entschließt sich der Kapitän, den Hafen von Båtsfjord nicht anzufahren. Das Anlegemanöver ist zu riskant. Die Hurtigruten-Kapitäne zeigen ein hohes Maß an Verantwortung.

Die achteckige und wie ein Stern angelegte Festung Vardøhus ist die östlichste und gleichzeitig die nördlichste Wehranlage Norwegens. Ihre Ursprünge liegen wahrscheinlich schon um 1300. Beim Landgang in Vardø bleibt genügend Zeit, der Anlage einen Besuch abzustatten.

Rechte Seite:
Vardøhus wurde angelegt, um sich gegen Angriffe aus dem Osten zu schützen. Die Festung musste sich allerdings nie verteidigen.

Die südgehende Tour – 8. und 9. Tag: Nordkap – Hammerfest – Vesterålen – Raftsund – Trollfjord

Am 8. Tag der Rundreise hat man noch einmal Gelegenheit, das Nordkap zu besuchen. Es hilft nichts, diesmal müssen wir zeitig aufstehen. Unser Frühstück werden wir am Nordkap einnehmen. Trotz des Starts zu „nachtschlafender" Zeit behaupten wir: Die Fahrt mit Hurtigruten ist wahrscheinlich die stressfreieste Variante, um den nördlichsten Punkt Europas zu erleben. Man nehme nur eine Norwegenkarte zur Hand und führe sich die gewaltige Nord-Süd-Ausdehnung des Landes vor Augen. Vom Südkap (Kap Lindesnes) bis zum Nordkap sind es 1752 Kilometer – Luftlinie wohlgemerkt. Fährt man diese Strecke mit dem Auto und plant noch ein paar Abstecher ein, ist man schnell bei über 3000 Kilometern, die man ja auch noch zurückfahren muss …

Hurtigruten-Reisende haben keinen Autostress. Ausgangspunkt für den Besuch des Nordkaps ist Honningsvåg, das wir ja schon von der nordgehenden Tour kennen. Am Kai stehen Busse bereit, die uns in eineinhalbstündiger Fahrt zum Kap bringen. Bald schon können wir das berühmte Foto des 307 Meter abfallenden Schieferfelsens machen, der gemeinhin als Nordkap gilt. Das geografische Nordkap hingegen liegt auf einer Halbinsel, die dem markanten Steilfelsen in westlicher Richtung vorgelagert ist. Dorthin gelangt man aber nur auf einer anstrengenden Wanderung zu Fuß.

Das Nordkap ist touristisch voll erschlossen. Die Nordkaphalle zeigt mit einer Multivisionsschau dem Besucher bei schlechtem Wetter, was er gerade nicht sehen kann (das Kap ist an über 300 Tagen im Jahr wolken- und nebelverhangen). Ein Restaurant sorgt für das leibliche Wohl, ein Andenkenladen lädt zum Stöbern ein. Die in den Fels gehauene Panoramagrotte bietet eine schöne Aussicht auf das Nordmeer. Früher war der Zugang über die Seeseite üblich. Mehr als 1000 steile Stufen mussten überwunden werden.

Linke Seite:
Auch wenn es sich – entgegen der weitverbreiteten Meinung – beim Nordkap nicht um den nördlichsten Punkt Europas handelt, war, ist und bleibt es einer der großen Sehnsuchtsorte.

71°10'21" beträgt die nördliche Breite des Nordkaps. Die offene Fläche des Plateaus ist oft windumtost. Die Klippen fallen fast senkrecht 307 Meter ab.

Im Sommer wird das Kap meist von hunderten Touristen gleichzeitig belagert. Campingwagenfahrer werden von diesem Punkt genauso magisch angezogen, wie Pauschaltouristen, die in endlos scheinenden Buskolonnen hierher kommen. Wer den Menschenmassen entgehen möchte, besucht das Kap im Winter. Der Ausflug wird von Hurtigruten mittlerweile ganzjährig angeboten.

Nach dem Aufenthalt am Kap fährt unser Bus entlang des Porsangerfjordes bis nach Hammerfest – der nördlichsten Stadt der Welt. (Dieser Titel wird allerdings auch von Städten in Alaska oder Russland beansprucht und selbst Honningsvåg fordert ihn ein.)

In Hammerfest werden wir unser Schiff wieder besteigen, und zuvor haben wir noch genügend Zeit, eine Stippvisite in der Stadt der Eisbären zu machen. Tatsächlich sollen sich von Spitzbergen Eisbären bis hierher verirrt haben, wie wir im Eisbärenklub erfahren. Doch der letzte Besuch des Ursus maritimus liegt schon ein paar Jahre zurück.

Vor der Küste Hammerfests ist eines der ehrgeizigsten Wirtschaftsprojekte Norwegens angelaufen. Hier wurden riesige Erdgasvorkommen entdeckt. „Schneewittchen“ heißt ein 2000 Meter unter dem Meeresspiegel liegendes Gasfeld, das mit einer Pumpanlage, die auf dem Meeresgrund montiert wurde, ausgebeutet wird. Das Gas wird auf der, der Stadt vorgelagerten, Insel Melkøya verflüssigt und mit speziellen Tankschiffen nach Europa und in die USA gebracht.

Viel zu früh legt unser Schiff aus diesem Hafen ab. Tromsø erreichen wir auf der Südtour spät abends. Am nächsten Tag, es ist der 9. der Gesamtfahrt, wartet einer der schönsten und ereignisreichsten der ganzen Tour auf uns.

Schon sehr früh durchfahren wir die Risøy-Rinne, einen 4,5 Kilometer langen Kanal. Hier musste der Mensch nachhelfen, damit die Schiffe genügend Wasser unter dem Kiel behalten. Der Kanal verkürzte die Fahrzeit zu den Vesterålen. Empfohlen sei an dieser Stelle der ganzjährig angebotene Ausflug „Inselpanorama Vesterålen“, der in Harstad beginnt und in Sortland endet, auf dem man einen Eindruck von dieser interessanten Inselgruppe bekommt.

Wir haben in der Zwischenzeit Stokmarknes, die Wiege von Hurtigruten, erreicht. Genau hier hatte Richard With, der „Vater“ von Hurtigruten, über den Plänen einer Schnellverbindung mit Schiffen in den hohen Norden gebrütet. Wer sich für die Geschichte der Hurtigruten-Flotte interessiert, sollte das Museum nicht verpassen. Nach dem Ablegemanöver in Stokmarknes nähert sich das Schiff dem Raftsund und dem Trollfjord. Wir tauchen ein in die faszinierende Welt der Lofoten. Der Archipel sowie die Fahrt zwischen den einzelnen Inseln sind so spektakulär, dass wir den Lofoten ein eigenes Kapitel widmen wollen.

Linke Seite:
Die Fahrt durch die 4,5 Kilometer lange Risøyrenna lockt viele Fahrgäste nach draußen. Diese künstlich angelegte Fahrrinne ist circa 100 Meter breit und nur sechs Meter tief.

In Stokmarknes liegt die Wiege von Hurtigruten. 1881 gründete Richard With hier die Vesterålen Dampskibsselskab, aus der die Postschiff-Linie hervorging. Die Passagiere werden direkt am Kai abgeholt und in das Hurtigruten-Museum geführt.

Früher konnte man die Nordkap-Insel nur mit der Fähre erreichen. 1999 wurde der 6,8 Kilometer lange Nordkap-Tunnel eröffnet, welcher heute die Insel Magerøya in der Provinz Finnmark mit dem Festland verbindet.

Rechte Seite:
Rentiere sind der Reichtum Lapplands. Zu Tausenden durchstreifen noch heute diese halbwild lebenden Nutztiere der Samen die Tundren Nordskandinaviens. Die Nordkap-Busse müssen bremsen. Kein Rentier wird sich bequemen, die Straße in seinem Revier einfach zu räumen.

NORDKAP
Sängerstadt
Finsterwalde
NEOPLAN
FI CM 92

Linke Seite:
Am Porsangerfjord lohnt der Abstecher zu den Gesteinsformationen von Trollholmsund. Der Sage nach sollen dies versteinerte Trolle sein.

Die Trolle, welche bekanntlich nur in der Nacht unterwegs sind, wurden von der aufgehenden Sonne überrascht, als sie einen gestohlenen Schatz in ihre Höhlen transportieren wollten. In ihrer Gier hatten sie so viel Gold in eine Kiste geladen, dass sie zu langsam unterwegs waren. Die Sonne ließ sie zu Steinsäulen erstarren.

Die Fahrt zum Nordkap führt über die „magere Insel“: Magerøya. Tatsächlich wachsen in diesen Breitengraden nur noch wenige niedere Pflanzen. Im Winter finden selbst die genügsamen Rentiere hier keine Nahrung mehr. Sie werden im Herbst weiter nach Süden getrieben.

Rechte Seite:
Von Honningsvåg kommend, sehen wir nach eineinhalbstündiger Busfahrt zum ersten Mal das Nordkap von Süden. Wenig später kommt der berühmte 307 Meter abfallende Schieferfelsen ins Bild.

Eines der begehrtesten Ziele Norwegens ist das Nordkap. Dieses 307 Meter hohe Plateau auf der Insel Magerøya, das von vielen als nördlichster Punkt Europas angesehen wird, bietet neben der markanten Steilküste, dem Globus und den Nordkaphallen auch noch die Begegnung mit jeder Menge Touristen aus aller Welt. Im Winter entgeht man den Menschenmassen.

Die MS Kong Harald im Havøysund. In der Nähe findet man auch eine der seltenen Windkraftanlagen Norwegens. Das Land deckt seinen Energiebedarf fast ausschließlich durch Wasserkraft.

Rechte Seite:
Nach der Ausfahrt aus Hammerfest erreichen die Hurtigruten-Schiffe den Sørøysund. Im Winter herrscht in dieser Gegend vom 20. November bis 21. Januar die Polarnacht. Dafür geht vom 13. Mai bis 28. Juli die Sonne nicht unter.

Linke Seite:
Hammerfest wirbt mit dem Slogan, die nördlichste Stadt der Welt zu sein. Diesen Titel beanspruchen allerdings auch Honningsvåg, Barrow in Alaska und Chatanga in Russland. Sehenswert in Hammerfest sind die St.-Michaelis-Kirche und der Eisbärenklub.

Links:
Der Eisbärenklub liegt in der Nähe des Hurtigruten-Anlegeplatzes. Die Royal and Ancient Polar Bear Society von Hammerfest hat über 200 000 Mitglieder. Für die Mitgliedschaft im Klub genügt allerdings die Bezahlung der einmaligen Aufnahmegebühr.

Seite 190/191:
Bei Hammerfest wurden riesige Erdgasvorkommen entdeckt. Auf der Hammerfest vorgelagerten Insel Melkøya wurde die größte Erdgasverflüssigungsanlage Europas errichtet.

Linke Seite:
Die MS Richard With kurz nach der Ausfahrt aus Hammerfest. Das Schiff befindet sich immer noch etwa 1000 Kilometer nördlich des Polarkreises, in etwa auf der geografischen Breite Mittel-Grönlands.

Links:
Die MS Nordnorge kurz nach der Ausfahrt in Finnsnes. Der Ort ist Ausgangspunkt für Erkundungen Senjas, der zweitgrößten Insel Norwegens.

Seite 194/195:
Nach der Ausfahrt aus Risøyhamn nimmt das Schiff Kurs auf Sortland. Der größte Teil dieser Strecke führt durch das geografische Zentrum der Vesterålen zwischen den Inseln Hinnøya im Osten und Langøya im Westen. Die Inselgruppe ist circa 150 Kilometer lang und wird mit „Streifen im Westen" übersetzt.

Linke Seite:
Stokmarknes auf den Vesterålen ist seit 1776 Handelsort. Das circa 3800 Einwohner zählende Städtchen ist vor allem durch die Gründung der Vesterålen Dampskibsselskab im Jahr 1881 durch Richard With bekannt geworden. Hier wurde die Idee einer Hurtigruten-Linie geboren.

Die Ausstellung im Hurtigruten-Museum in Stokmarknes erinnert an die wichtigsten Ereignisse in der Geschichte von Hurtigruten. In erster Linie wird aber die verkehrstechnische Entwicklung der Schiffe dargestellt.

Die südgehende Tour – Fortsetzung 9. Tag: Sonderkapitel Lofoten

Am Nachmittag des 9. Tages fahren wir unter dem weit gespannten Bogen der Sundbrücke in den Raftsund ein, jene schmale Wasserstraße, die die Lofoten von den Vesterålen trennt. Auf der Nordtour hatten wir ihn in der Nacht passiert. Diesmal bietet sich die Gelegenheit, die herrliche Landschaft am Tag zu bewundern. Die Passage gehört definitiv zu den schönsten Abschnitten der ganzen Tour.

Der informierte Hurtigruten-Gast weiß natürlich, dass vom Raftsund der legendäre Trollfjord abzweigt. Aber wo ist er eigentlich? Im Gewirr der vielen Seitenarme, Vorsprünge und Felsen kann man lange keine Einfahrt entdecken. Doch plötzlich dreht das Schiff nach backbord und eine winzig erscheinende Lücke tut sich auf. Dort wollen wir hinein?

An einigen Stellen ist der Trollfjord gerade mal 100 Meter breit. Die Felswände hingegen ragen über 1000 Meter empor. Doch keine Angst, die Kapitäne wissen, was sie tun. Am Ende des 2,5 Kilometer langen Fjords verbreitert er sich etwas. Hier führen die Kapitäne ein spektakuläres Wendemanöver aus. Und wenn das Wetter mitspielt, steuern sie das Boot bis auf wenige Zentimeter an die Felswand heran. Eine Glanzleistung. Kein Wunder, dass für viele Passagiere die Fahrt im Trollfjord, den Höhepunkt ihrer Reise darstellt.

Dann nimmt unser Schiff Kurs auf Svolvær, zu jener Stadt auf den Lofoten, welche wir schon von der Nordtour kennen. Diesmal ist mehr Zeit eingeplant, und vor allem haben wir Gelegenheit, einen Ausflug über die Inseln zu unternehmen. Gemeint ist die Fahrt von Svolvær nach Stamsund mit einem Abstecher nach Henningsvær. Einschränkend sei allerdings gesagt, dass sich diese Tour erst ab Ende April lohnt, da man sonst einen Teil der Strecke im Dunkeln fährt.

Für diejenigen, die keine Zeit haben, auf den Lofoten ihre Reise zu unterbrechen, ist das eine schöne Möglichkeit, um wenigstens einen kurzen Eindruck von dieser wunderbaren Inselwelt zu bekommen. In Henningsvær finden wir „Lofotenromantik" pur. Der Hafen liegt windgeschützt und ist für die Fischer von zwei Seiten zu erreichen. Der Ort ist fantastisch anzuschauen und bietet mit seinen dicht gedrängten Häusern,

Linke Seite:
Der Fischerort Henningsvær wird im Rahmen des Lofotenausfluges angefahren. Hier passiert gerade das südgehende Schiff die vorgelagerten Inseln.

Die Landschaft am südwestlichen Ende der Lofoten ist an Dramatik und Schroffheit nur schwer zu überbieten. Einen Gegensatz bilden die fast schon verspielt wirkenden Fischerdörfer.

Fischerhütten, Booten und gewaltigen Bergen faszinierende Motive. Die Lage war für den Fischfang sehr günstig, da es nur einer kurzen Anfahrt zu den Fischgründen sowohl im Westen als auch im Osten bedurfte. Wir schlendern durch den verträumten Ort und bewundern die Holzarchitektur des Nordens. Es bleibt noch Zeit, eine der vielen Galerien zu besuchen. Künstler aus ganz Europa kommen hierher, um sich vom Licht und den spektakulären Motiven des Nordens inspirieren zu lassen.

Und wirklich: Die in das Nordmeer hineinragende Inselgruppe mit gezackten, über 1000 Meter hohen steilen Felsen, mit saftigen Wiesen, hellen Stränden, felsigen Ufern und Fischerdörfern ist eine neue Welt, selbst für jene, die Norwegens Fjorde und Landschaften schon ausgiebig erkundet haben. Darüber hinaus sorgt der Golfstrom in eisigen Wintermonaten für moderate Temperaturen.

Und im Winter beginnt die Hauptsaison für die Lofotenfischer. Der Kabeljau, bei uns bekannt als Dorsch, hat über Jahrhunderte das Leben der Inselbewohner bestimmt: Reichtum oder Armut und Not, wenn die Fischschwärme ausblieben. Stockfisch, heute noch auf Gerüsten zum Trocknen aufgehängt, war schon für die Wikinger das wichtigste Lebensmittel, eine Konserve, um die langen Seereisen überhaupt unternehmen zu können. Die Hanseaten machten ihn später in Europa bekannt. Vor allem in Italien und Deutschland fanden sie gute Absatzmärkte. Dort war der „Mumienfisch" eine beliebte Fastenspeise.

In den letzten Jahren ging die Bedeutung des Fischfangs allerdings immer mehr zurück. Hatten vor hundert Jahren noch über 30 000 Fischer Kabeljau und Hering an Land gebracht, sind es heute keine 2000 mehr. Auch Norwegens Küsten sind von der Überfischung betroffen. Immerhin: Der Tourismus ist eine lohnende Einkommensquelle geworden, und ehemalige Fischerhütten, die Rorbuer heißen, bieten romantischen „Komfort" und Nostalgie.

Vor Henningsvær begegnen sich unser und das nordgehende Hurtigruten-Schiff. Wir müssen uns sputen, um in Stamsund wieder unser Boot zu erreichen, das uns sicher durch den Westfjord in Küstennähe bringen wird.

Linke Seite:
Henningsvær bietet mit seinen dicht gedrängten Häusern, Fischerhütten, Booten und gewaltigen Bergen faszinierende Motive. Die Lage des Ortes war für den Fischfang sehr günstig, da es nur einer kurzen Anfahrt zu den Fischgründen sowohl im Westen als auch im Osten bedurfte.

Wie vor hundert Jahren wird der Fisch nach dem Fang auf großen Gestellen zum Trocknen aufgehängt, bis er durch Sonne und Wind zu Mumien geschrumpft ist. Die klassische Methode zur Stockfischherstellung hat sich kaum geändert. Dieses Gestell steht in Tind auf den Lofoten.

Linke Seite:
Der Raftsund trennt die Lofoten von den Vesterålen. Entlang des Sunds liegen vereinzelte Gehöfte und Ortschaften. Mit dem Ausbau des Straßennetzes ging die Bedeutung des Raftsunds als Wasserstraße zurück.

Die Einheimischen am Raftsund leben vor allem vom Fischfang und der Fischverarbeitung sowie von Dienstleistungen und vom Tourismus. Hier starten auch einige schöne Wanderstrecken in die umliegende Bergwelt.

Von Digermulen am Raftsund kann man sich mit dem Boot (Charter) in den Trollfjord (siehe nächste Seite) übersetzen lassen. Von Svolvær fahren in der Sommersaison täglich Ausflugsboote in diese fantastische Fjordwelt.

Rechte Seite:
Die Einfahrt in den Trollfjord (ein Nebenarm des Raftsunds) bildet für viele Hurtigruten-Passagiere den Höhepunkt ihrer Reise. In der Regel wird der Fjord auf der südgehenden Tour angefahren. Aber wo ist nur die Einfahrt?

MIDNATSOL

Linke Seite:
Dass der Trollfjord wirklich schmal ist (an einigen Stellen gerade einmal 100 Meter), zeigt diese Aufnahme. Der Name Trollfjord leitet sich natürlich von den Trollen ab – jenen oft Schaden bringenden Zauberwesen der nordischen Mythologie.

Links:
Eine Meisterleistung ist das Wendemanöver der Hurtigruten-Kapitäne im Trollfjord. Manchmal steuern sie das Schiff so dicht an die Felswand, dass die Passagiere sie mit der Hand berühren können.

Seite 208/209:
Å ist die südlichste Ortschaft auf den Lofoten. Weiter draußen im Eismeer gibt es dann nur noch die Inseln Røst und Værøy, die mit Fähren zu erreichen sind.

Wie überdimensionale Haifischzähne ragen die Berge der Lofoten aus dem Eismeer. Mit dem Flugzeug kann man sich einen Überblick verschaffen. Am besten erkundet man die Inselwelt aber zu Fuß.

Rechte Seite:
Auf einigen Teilen der Lofoten wird Landwirtschaft betrieben. In diesen Breitengraden beschränkt sich dieser Erwerbszweig jedoch auf das Heumachen.

Linke Seite:
Paarweise und ohne Kopf werden die Fische in Handarbeit an die Stangen der Gestelle gehängt. Nach einigen Wochen haben Sonne und Wind den Dorsch (Kabeljau) zu Tørrfisk (Stockfisch) mumifiziert. Wer die Fischer bei der Arbeit sehen will, muss im Winter kommen.

Hamnøy auf den Lofoten ist ein Zentrum des Fischfangs. Zwischen Januar und März ist Hauptsaison für die Fischer. Außer dem Dorsch sind Schellfisch, Seelachs, Rotbarsch, Seewolf, Hering, Scholle und Heilbutt begehrte Speisefische.

Ein wunderbares Farbenspiel: die Sandbänke, Wasserstraßen und Wiesen der Lofoten aus der Luft. Auch abseits der touristischen Hauptroute von Svolvær nach Å gibt es jede Menge zu entdecken.

Rechte Seite:

Der Blick vom Reinebriggen auf den Lofoten entschädigt für einen steilen, eineinhalbstündigen Aufstieg. Die Wanderung auf den Hausberg von Reine ist eine der Top-Touren Norwegens.

N-65-MS

Linke Seite:
Der Winter ist eine fantastische Zeit, die Lofoten zu besuchen. Wie hier in Tind können die ehemaligen Fischerhütten (Rorbuer) als Unterkunft gemietet werden.

Auch in der Nähe der Kirche von Sildpollnes im Austnesfjord auf den Lofoten werden Unterkünfte an Touristen vermietet.
Der Tourismus scheint für viele Einheimische eine Alternative zum Fischfang zu werden.

Linke Seite:
Noch heute arbeiten 5000 Lofoter hauptberuflich als Fischer. Nach der hemmungslosen Überfischung in den Achtzigerjahren haben sich die Bestände zwar leicht erholt, der Fischfang lohnt sich aber nicht mehr so wie früher.

Links:
Die Kirche von Flakstad ist gut an ihrem Zwiebeltürmchen zu erkennen. Das Gotteshaus wurde 1780 erbaut. Von Zeit zu Zeit finden hier Konzerte statt.

Seite 220/221:
Weiße Sandstrände wie dieser bei Ramberg auf den Lofoten laden zum Verweilen ein. Das Baden im Meer ist bei ganzjährig niedrigen Wassertemperaturen aber nur wahren „Nordmännern" zu empfehlen.

In Kabelvåg auf den Lofoten haben sich schon früh Künstler angesiedelt. Anfang des 19. Jahrhunderts wurden die Inseln von Malern aus Schweden „entdeckt". Ihre Bilder machten die Schönheit der Lofoten über die Grenzen des Landes hinaus bekannt.

Rechte Seite:
Beim Landausflug von Svolvær nach Stamsund ist ein längerer Stopp in dem malerischen Ort Henningsvær eingeplant. Wer nicht die Zeit hat, auf den Lofoten seine Reise zu unterbrechen, bekommt bei dieser Tour wenigstens einen kurzen Eindruck von dieser wunderbaren Inselwelt.

Die südgehende Tour – 10., 11. und 12. Tag: Brønnøysund – Torghatten – Trondheim – Kristiansund – Bergen

Am Vormittag des 10. Tages überqueren wir wieder den Polarkreis. Ein Metallglobus auf einer kleinen Insel markiert die Stelle. Wer diese verpassen sollte, wird durch das Schiffshorn daran erinnert, dass wir Nordnorwegen verlassen haben. Genau auf dem Polarkreis liegt die Insel Hestmannøy, die der Sage nach der versteinerte „Hestmannen“ sein soll. Dieser wird später noch eine Rolle spielen. Zunächst aber erreichen wir Nesna. Das Städtchen hat eine hübsche Kirche als Hauptattraktion zu bieten. Nach zwei weiteren Stunden ist Sandnessjøen erreicht. 7500 Einwohner leben heute in der Kommune vor allem von Fischerei, Landwirtschaft, Handel und Verwaltung. Sandnessjøen ist seit 1991 über die elegante 1100 Meter lange Helgelandsbrua mit dem Festland verbunden. In der Stadt wird mit einem Denkmal des Pfarrers und Dichters Petter Dass gedacht, an dessen Gut Alstahaug wir wenig später vorbeifahren. Dass, ein heute noch in Norwegen populärer Schriftsteller, lebte hier von 1689 bis zu seinem Tod im Jahr 1707.

Schließlich passieren wir die Bergkette „De sju søstre“, die „Sieben Schwestern“, die vor allem im Winterkleid äußerst fotogen sind. Auch diese „Damen“ werden noch eine Rolle spielen. Jetzt legen wir in der circa 3000 Einwohner zählenden Stadt Brønnøysund an. Die Liegezeit reicht für einen kleinen Bummel entlang der Hafenanlagen.

Kurz hinter Brønnøysund hat Hurtigruten eine kleine Schleife eingeplant. Der Grund? Ein riesiges Loch, mitten durch einen beachtlichen Berg, der „Torghatten“ (Der Hut) heißt. Niemand weiß genau, wie es entstanden ist.

Doch eine Legende, eine Volksweisheit aus alten Zeiten, hat eine Erklärung gefunden. Ein Troll war schuld! Der ‚Hestmannen‘ wollte die schöne Leka, eine Freundin der sieben Jungfrauen des Trollkönigs heiraten. Doch diese wollte den Pferdemann nicht, der eines Tages die Jungfrauen beim Baden beobachtete. Seine Begierde wurde so groß, dass er Leka unbedingt haben wollte. Die Jungfrauen flohen vor ihm, waren unerreichbar, und in seinem Zorn darüber schoss er einen Pfeil gegen sie ab, um sie zu töten. Doch der wachsame Retter, der Trollkönig, war nah. Er warf seinen Hut, um den Pfeil abzuwehren, der voller Wucht Hut und Berg durchbohrte. In diesem Moment ging die Sonne auf, und Hestmannen, Leka, die sieben Schwestern und was es sonst noch so an Fabel-

Linke Seite:
Vom Torghatten lugte in der Eiszeit lediglich ein kleiner Teil aus dem Meer. Das Gewicht des Eises drückte die Landmasse samt Berg in den Erdmantel. Das heute in 112 Meter Höhe liegende Loch befand sich damals auf Meereshöhe und wurde vermutlich von der unaufhörlichen Meeresbrandung im Laufe der Jahrtausende ausgehöhlt.

Viele Norweger tragen zu feierlichen Anlässen wie Hochzeiten, Taufen oder wie hier am Nationalfeiertag in Nesna Tracht (bunader). Die verwendeten Farben und Muster sind oft seit Jahrhunderten kaum verändert und repräsentieren eine Region Norwegens.

wesen und Trollen gab, versteinerten. Sie wurden zu Bergen und Inseln. So können wir die Sieben Schwestern und die Insel Leka noch heute bewundern.

Am Abend erreichen wir wieder Rørvik, das wir ja schon von der nordgehenden Tour kennen.

In Trondheim, am 11. Tag, endet für viele Fahrgäste die Rundfahrt. Aus diesem Grund verabschiedet sich die Crew schon am Vorabend von den Passagieren. Wir aber werden bis Bergen weiterreisen und nutzen den Tag in Trondheim, um nochmals die Stadt anzuschauen.

Weiter geht die Fahrt nach Westen durch die immer schmaler werdende Ausfahrt des Trondheimfjordes bis wir am Nachmittag Kristiansund erreichen. Die Stadt wurde malerisch über drei Inseln gebaut. Bis 1992 war Kristiansund nur mit Fähren zu erreichen. Dann wurde eine 1500 Meter lange Brücke sowie ein fünf Kilometer langer Tunnel gebaut, mit der die Stadt eine Anbindung ans Festland bekam. Sie ist heute Bestandteil einer fast fährfreien Küstenstraße, die von Stavanger über Bergen, bis nach Trondheim führt. Unsummen hat dieses Projekt bereits verschlungen.

Immer mehr Norweger ziehen nach Kristiansund, weil vor der Küste Öl und Gas entdeckt wurden. Und diese Vorkommen sollen in Zukunft ausgebeutet werden. Wir haben allerdings nur 45 Minuten Aufenthalt.

Allmählich müssen wir uns damit abfinden, dass unsere Reise mit Hurtigruten langsam zu Ende geht. Die Koffer werden gepackt. Das letzte Abendessen im Bordrestaurant. Sind seit der Abfahrt wirklich schon fast zwölf Tage vergangen?

In der Nacht passieren wir Molde, Ålesund, Torvik und Måløy. Am Morgen legen wir in Florø an, die westlichste Stadt Norwegens. Den Weg in den Hafen weist der fotogene Leuchtturm Stabben. Und dann geht alles viel zu schnell: Pørdefjord, Stavfjord, Sognesjøen, Dalsfjord und schließlich der Hjeltefjord, auf dem wir bis nach Bergen fahren werden. Die Hausberge Ulriken und Fløyen kommen ins Bild, die Hafenanlagen. Die vielleicht „schönste Seereise der Welt" ist zu Ende. Und wir wissen jetzt schon, dass wir wiederkommen werden.

Linke Seite:
Bis 1990 war Kristiansund nur mit Fähren oder Hurtigruten-Schiffen zu erreichen. Diese fahren heute noch täglich, denn wer von der Landseite kommt, muss eine saftige Maut bezahlen.

Die Festung Munkholmen (Hintergrund) liegt strategisch günstig vor der Hafeneinfahrt von Trondheim. Einst stand auf diesem Inselchen das Nidarholm-Kloster. Nur noch eine gute Tagesfahrt trennt das Hurtigruten-Schiff jetzt vom Heimathafen Bergen.

Am Nationalfeiertag (17. Mai) platzt die Kirche von Nesna aus allen Nähten. Trotzdem sind Passagiere und Besatzung des Hurtigruten-Schiffes zum Gottesdienst herzlich willkommen.

Am 17. Mai begehen die Norweger mit Hingabe und Pathos ihren Nationalfeiertag. Der halbe Ort ist in Nesna in den Hafen gekommen, um das Hurtigruten-Schiff zu begrüßen.

Für die Norweger ist die tägliche Ankunft des Postschiffes noch immer ein Ereignis. Besonders an Feiertagen spürt man den großen Stellenwert, den die Hurtigruten-Linie für die Einheimischen hat.

Rechte Seite:
In Sandnessjøen steht am Nationalfeiertag eine Parade auf dem Veranstaltungsplan. Selbstverständlich wird mit dem Beginn so lange gewartet, bis das Postschiff angelegt hat.

MIDNATSOL

Linke Seite:
Der Landegode-Mann auf der gleichnamigen Felsinsel kurz vor der Ausfahrt in den Westfjord ist nur bei klarem Wetter zu erkennen. Auf der rechten Seite „klettert" er die Felskante hinauf.

Links:
In Sandnessjøen wurde dem norwegischen Pfarrer und Nationaldichter Petter Dass (circa 1646–1707) ein Denkmal errichtet. Sein Buch ‚Nordlands Trompet' gilt als eines der ersten Werke der norwegischen Literatur.

Seite 234/235:
Die Sieben Schwestern nahe Sandnessjøen bilden eine markante Bergkette, die am besten von der Seeseite zu sehen ist. Alle zwei Jahre wird ein Wettrennen von „Schwester" zu „Schwester" veranstaltet.

Linke Seite:
Einen schönen Ausblick auf Brønnøysund hat man von der Brücke südlich des Zentrums. Der Name der Stadt stammt von den zahlreichen Brunnen und Quellen ab, aus denen früher die Seefahrer Trinkwasser schöpften. Sie entstand als Versorgungszentrum zu Beginn des 19. Jahrhunderts.

Brønnøysund liegt malerisch an der Schärenküste Mittelnorwegens. Der Ort wurde vor allem als Ausgangspunkt für den Besuch des „Torghatten" – des Berges mit dem Loch – bekannt.

Linke Seite:
An Festtagen wie zum Beispiel dem Nationalfeiertag werden die Schiffe der Flotte mit Fahnen geschmückt. Die Einfahrt in die Häfen wie hier in Brønnøysund ist dann ein besonderes Ereignis.

Wer hat das Loch in den Berg Torghatten bei Brønnøysund geschossen? Eine Antwort auf diese Frage gibt die Sage vom Hestmannen und der schönen Lekamøya, die man gerne in Norwegen erzählt.

Linke Seite:
Trotz der Anbindung Kristiansunds durch einen Tunnel und eine Brücke ist der Besuch der schönen Stadt mit Fähren oder Hurtigruten-Schiffen auch heute noch eine Option. Wer auf dem Landweg kommt, muss eine hohe Maut bezahlen.

Leider liegt das Hurtigruten-Schiff nur circa 45 Minuten im Hafen von Kristiansund. Die Zeit ist zu kurz, um die Stadt ausgiebig zu erkunden.

Kristiansund wurde über drei Inseln gebaut. Um die schöne Stadt ans Land zu binden, wurde den 19 000 Einwohnern eine - 1500 Meter lange Hängebrücke und ein fünf Kilometer langer Tunnel spendiert.

190 Kilometer westlich von Trondheim gelegen, siedelten schon vor 10 000 Jahren Menschen an der Stelle des heutigen Kristiansund, wie Ausgrabungen zeigten. Im Zweiten Weltkrieg nahezu vollständig zerstört, wurde sie zum Teil im alten Stil wieder aufgebaut.

Linke Seite:
Eine Fahrt mit Hurtigruten ist immer auch eine Reise ins Licht. Die Passage mit dem Postschiff entlang der norwegischen Küste gehört zu den beeindruckendsten Schiffstouren, die man heutzutage unternehmen kann. Vielleicht ist sie wirklich die „schönste Seereise der Welt".

Bergen, Ausgangs- und Endpunkt der Passage, ist wieder erreicht. Sind die elf erlebnisreichen Tage an Bord wirklich schon vorbei?

Nützliche Informationen

Alkohol

Bier, Wein und Spirituosen sind zwischen 6.00 Uhr morgens und 3.00 Uhr nachts erhältlich. Bitte beachten Sie, dass Spirituosenpreise in Norwegen allgemein höher sind als in Deutschland und die Waren nicht zollfrei sind.

In den meisten Häfen wird über seitlich abklappbare Treppen aus- oder eingestiegen. Am Eingang müssen sich Passagiere und Gäste durch ein elektronisches System registrieren lassen.

Behindertengerechtes Reisen

Außer auf der MS Lofoten und der MS Nordstjernen gibt es auf allen Schiffen Aufzüge und rollstuhlgerechte Kabinen. Der Zugang auf das Schiff erfolgt meistens über die Rampe des Autodecks. Schwerbehinderte Reisende beziehungsweise Reisende, die nicht in der Lage sind, für sich selbst zu sorgen, müssen mit einer Begleitperson reisen. Dies muss bei der Buchung angegeben werden. Die Landausflüge sind teilweise nicht behindertengerecht.

Bordsprache

Die Bordsprache ist die Sprache, in der Durchsagen gemacht und allgemeine Informationen gegeben werden. Sofern sich an Bord ein deutschsprachiger Lektor befindet, werden Vorträge in deutscher Sprache angeboten. Englischsprachige Vorträge werden zum Teil auch übersetzt. Offizielle Bordsprachen sind Norwegisch und Englisch. Die Bord-Reiseleiter und Mitarbeiter an der Rezeption, der Purser sowie auch einige Mitglieder der Servicecrew sprechen meistens auch Deutsch. Auch die Durchsagen, Tagesprogramme, Informationsblätter zu den Häfen sowie die Menükarten sind meist auch in deutscher Sprache verfasst.

Ein- und Anreise

Für die Einreise nach Norwegen genügt der Personalausweis.
In den Frühjahrs- und Sommermonaten werden von den Flughäfen Berlin, Frankfurt, Düsseldorf und Hamburg Direktflüge nach Bergen, beziehungsweise ab Frankfurt nach Oslo angeboten. Außerdem gibt es Flüge (meist über Oslo) nach Kirkenes.

Einschiffung

In Bergen

Zeitraum	Abfahrt	Einschiffung
01.01-14.4.	22.30	ab 18.00
15.04.-14.09.	20.00	ab 18.00
15.9.-31.12.	22.30	ab 18.00

Achtung: Diese Zeiten können sich von Saison zu Saison ändern. Erkundigen Sie sich unbedingt bei Ihrem Reisebüro über die aktuellen Zeiten.
Bei allen anderen Häfen erfolgt die Einschiffung direkt nach Anlegen des Schif-

fes, spätestens 30 Minuten vor der angegebenen Abfahrtszeit, Abfahrt gemäß Fahrplan.

Essen und Trinken

Die Verpflegung erfolgt gemäß den gebuchten und bestätigten Leistungen. Die Mahlzeiten werden zu festen Zeiten im Restaurant serviert.

- Reichhaltiges Frühstücksbuffet von 7.00 bis 10.00 Uhr
- Großes Mittagsbuffet mit warmen und kalten Speisen sowie Desserts von 12.00 bis 14.30 Uhr
- 3-Gänge-Abendmenü von 18.30 bis 21.00 Uhr

In der Hochsaison wird das Mittag- und Abendessen in zwei Sitzungen eingenommen. In diesem Fall können die oben genannten Zeiten abweichen beziehungsweise sich verschieben. Die Küche zeichnet sich durch regionalen Charakter und eine Vielfalt von Fischgerichten aus. Es gibt außerdem eine Cafeteria an Bord.

Fitnessraum, Sauna und Pool

Alle Schiffe der neuen Generation verfügen über einen einfach ausgestatteten Fitnessraum und eine Sauna. Die Öffnungszeiten erfährt man an der Rezeption des Hurtigruten-Schiffs. Die MS Finnmarken bietet auf dem Außendeck einen beheizten Swimmingpool und zwei beheizte Whirlpools sowie Räumlichkeiten für Gesundheits- und Pflegeanwendungen. Die Schiffe MS Midnatsol, MS Trollfjord, MS Richard With und MS Nordkapp verfügen über beheizte Whirlpools an Deck.

Fotografieren

Videokamera und/oder Fotoapparat und eventuell ein Fernglas gehören ins Gepäck. Es ist empfehlenswert, eine ausreichende Anzahl an Filmen mitzubringen, da Filmmaterial in Norwegen sehr teuer ist.

Garderobe

Gesellschaftskleidung (Anzug, Cocktailkleid u. ä.) ist nicht erforderlich, allerdings gehört zum Beispiel ein Jackett oder Blazer ins Gepäck. Bitte denken Sie daran, dass Sie in nördliche Regionen fahren – also unbedingt warme, wind- und wasserdichte Bekleidung mitnehmen. Schal, Mütze, festes Schuhwerk und Sonnenbrille/-creme sind ebenfalls einzupacken.

Gepäck

In skandinavischen Ländern ist die Dienstleistung des Gepäckträgers weithin unbekannt. Empfehlenswert ist es, nur so viel Gepäck mitzunehmen, wie man selbst tragen und auf der gesamten Reise beaufsichtigen kann. Wichtige Medikamente, Brillen, Ausweispapiere usw. sollten grundsätzlich im Handgepäck und nicht im Koffer transportiert werden.
In Bergen wird das Gepäck nach dem Check-in aufs Schiff gebracht. Es besteht die Möglichkeit, die Koffer an der Bordrezeption zur Aufbewahrung abzugeben.

Kabinen

Die Kabinen sind aufgrund der verschiedenen Schiffsgenerationen unterschiedlich in ihrer Ausstattung und Größe.

Kabinen mit Bullaugen

Zu beachten ist, dass auf den traditionellen und den Schiffen der mittleren Generation die Bullaugen einiger Kabinen bei

Wenn die Kleidung bei dem reichhaltigen Essen auch nach der Reise noch passen soll, sei der regelmäßige Gang in den Fitnessraum dringend empfohlen.

Schlechtwetterlage aus Sicherheitsgründen mit Abdeckklappen verschlossen werden müssen beziehungsweise zu bestimmten Zeiten geschlossen bleiben.

Kinder an Bord

Die meisten Schiffe sind mit einem Spielzimmer ausgestattet.

Klima und Reisezeit

Hurtigruten-Schiffe verkehren ganzjährig. Das Wetter kann nicht nur täglich, sondern sogar stündlich sehr stark schwanken. Die Temperaturen liegen im Sommer normalerweise zwischen 10 und 25 °C in den nördlichen und zwischen 15 und 30 °C in den südlichen Landesteilen. Im Winter liegen die Temperaturen normalerweise zwischen 2 und -10 °C. Dabei bleibt die Küste eisfrei.

Mit Sinn fürs Detail: die Kabinenbezeichnungen. Jede Suite hat ein individuelles Interieur. Die Größe der Suiten variiert von ungefähr 28 bis 40 Quadratmeter.

Tageslichtstunden

Datum	Bergen	Tromsø	Berlin
01.01.	6	0	8
01.02.	8	5	9
01.03.	10,5	9,5	11
01.04.	13,5	14	13
01.05.	16	18,5	15
01.06.	18,5	24	16,5
01.07.	19	24	17
01.08.	17	21	15,5
01.09.	14	15,5	13,5
01.10.	11,5	11	11,5
01.11.	8,5	6,5	9,5
01.12.	6,5	0	8

Mitternachtssonne

Ort	Erster/letzter Tag
Bodø	03.06. – 08.07.
Hammerfest	16.05. – 26.07.
Harstad	24.05. – 18.07.
Nordkap	13.05. – 29.07.
Svolvær	28.05. – 14.07.
Tromsø	20.05. – 22.07.
Vardø	17.05. – 25.07.

Mittlere Tageshöchsttemperaturen

Datum	Bergen	Tromsø	Berlin
01.01.	3,5	-2,0	1,8
01.02.	3,8	-1,6	3,5
01.03.	6,0	0,1	7,9
01.04.	9,0	3,3	13,2
01.05.	14,1	7,8	18,6
01.06.	17,0	12,7	21,8
01.07.	18,2	15,4	23,1
01.08.	17,9	13,8	22,8
01.09.	14,6	9,2	18,7
01.10.	11,3	4,6	13,3
01.11.	6,8	1,1	7,0
01.12.	4,6	-1,1	3,2

Ladeaktivitäten

Da es sich bei den Hurtigruten-Schiffen auch um Arbeitsschiffe mit Be- und Entladeaktivitäten handelt und die Häfen rund um die Uhr angelaufen werden, kann eine gewisse Beeinträchtigung durch Lärm (auch nachts) nicht ausgeschlossen werden.

Landausflüge

Es werden eine Reihe organisierter Landausflüge angeboten, die zum Teil an Bord zu buchen und zu bezahlen sind. Alle angebotenen Ausflüge sind für jeden Teilnehmer mit einer normal guten Kondition zu bewältigen. Das Programm erfragt man am besten vorher beim Reisebüro.

Medizinische Versorgung

Wegen der kurzen Abstände zwischen den einzelnen Häfen gibt es weder einen

Arzt noch eine Apotheke an Bord, aber natürlich eine Erste-Hilfe-Ausrüstung und eine Krankenkabine. Der Reisende sollte sich über Infektions- und Impfschutz sowie andere Prophylaxemaßnahmen rechtzeitig zu Hause informieren und gegebenenfalls ärztlichen Rat zu Thrombose- und anderen Gesundheitsrisiken einholen.

Rauchen an Bord

In Norwegen besteht in öffentlichen Gebäuden und an anderen öffentlich zugänglichen Plätzen ein Rauchverbot. Am 1. Juni 2004 ist ein Gesetz in Kraft getreten, nach dem das Rauchen auch in Restaurants, Cafés, Bars etc. verboten ist. Auf allen Hurtigruten-Schiffen ist das Rauchen daher nur an Deck gestattet.

Reiseleiter

Auf allen Schiffen ist ganzjährig ein deutschsprachiger Reiseleiter an Bord. In den Monaten Januar bis April wird zusätzlich ein Reiseleiter der Hurtigruten GmbH auf den Abfahrten der Schiffe MS Polarlys und MS Kong Harald als Ansprechpartner für die deutschsprachigen Gäste eingesetzt. Von Mai bis August wird dieser Service auf allen Abfahrten ab Bergen fortgesetzt.

Shop

Auf den meisten Schiffen ist ein Bord-Shop vorhanden. Hier werden Souvenirs, Strickwaren, Ansichtskarten, Briefmarken und Toilettenartikel verkauft. Auf Schiffen ohne Shop werden diese Artikel in der Cafeteria angeboten.

Strom

Die Kabinen sind mit Steckdosen für 220 V Wechselstrom ausgestattet.

Telefon, Fax und Internet

Alle Schiffe verfügen über Münzfernsprecher. Mobiltelefone haben in der Regel eine gute Reichweite. Außerdem ist man im Normalfall jederzeit an Bord telefonisch und per Fax zu erreichen. Alle Schiffe können im Selbstwähldienst direkt angewählt werden. Telefonnummer und E-Mail-Adresse erhält man mit den Reiseunterlagen. Schiffe der neuesten Generation haben Internetzugang.

Trinkgelder

An Bord sind Trinkgelder kein Muss. Wer mit einem Service besonders zufrieden war, kann dies selbstverständlich mit einem Trinkgeld individuell honorieren.

Unterhaltungsprogramm

An Bord wird weitgehend auf Showprogramme oder ähnliches verzichtet. Im Mittelpunkt der Reise stehen das Erleben und Betrachten der Natur sowie die individuelle Entspannung an Bord.

Wäscherei

Die Schiffe der neuen und mittleren Generation sind alle mit einem Waschraum ausgestattet.

Zahlungsmittel an Bord

Norwegens Währung ist die norwegische Krone NOK. 100 NOK entsprechen circa € 10,90 (Stand: Januar 2009). Bordwährung ist die Norwegische Krone. Weiterhin werden an Bord VISA, American Express, MasterCard, Diners Club, JBC International und Euro-Reiseschecks akzeptiert sowie die meisten Währungen gewechselt. EC-Karten werden nicht akzeptiert.

Weitere interessante Internetadressen:

www.hurtigruten.de
(Der Betreiber der Hurtigruten)

www.art-adventure.de
(Multivisionen und Bildarchiv über Hurtigruten)

Barentssee
Europäisches Nordmeer
Vardø
Båtsfjord
Berlevåg
Mehamn
Kjøllefjord
Varanger-
halvøya
Vadsø
Varangerfjord
Kirkenes
Tana-Bru
Tana
Nordkap
Magerøya
Honningsvåg
Havøysund
Rolvsøya
Hammer-
fest
Sørøya
Lakselv
Karasjok
Inari
Øksfjord
Alta
Arnøya
Skjervøy
Finnmarks-
vidda
Ringvassøya
Kautokeino
Tromsø
Skibotn
Kvaløya
Kilpisjärvi
FINNLAND
RUSS-
LAND
Karesuando
Senja
Finnsnes
Andselv
Andenes
Vesterålen
Harstad
Risøyhamn
Narvik
Kiruna
Sortland
Stokmarknes
Gällivare
Svolvær
Skutvik
Lofoten
Stamsund
Vestfjord
Jokkmokk
Fauske
Luleå
Bodø
Storjord
Ørnes
Mo i Rana
Nesna
Dønna
Storuman

NORWEGEN
DÄNEMARK
Vega
Brønnøysund
Umeå
Åsele
Vikna
Rørvik
Nordli
Strömsund
Namsos
Grong
Östersund
Stokksund
Sundsvall
Brekstad
Stjørdal
Frøya
Trondheim
Hitra
Smøla
Støren
Sveg
Söderhamn
Røros
Kristiansund
Oppdal
Tynset
Drevsjø
Molde
Åndalsnes
Mora
Ålesund
Dombås
Nybergsund
Otta
Vinstra
Glåma
Øgterdalen
Torvik
Ørsta
Geiranger
Gudbrandsdalen
Lågen
Ludvika
Måløy
Lillehammer
Hamar
Gjøvik
Florø
Førde
Sogndal
Lærdalsøyri
Gol
Kongsvinger
Örebro
Lavik
Geilo
Lillestrøm
Sognefjord
Numedal
Karlstad
Oslo
Voss
Hardangerfj.
Drammen
Glåma
Kongsberg
Bergen
Fredrikstad
Odda
Seljord
Skien
Larvik
Skånevig
Telemark
Valle
Haugesund
Setesdal
Arendal
Göteborg
Stavanger
Sandnes
Skagerrak
Kristiansand
Egersund
Lyngdal
Mandal
Kap Lindesnes

Impressum

Buchgestaltung
SILBERWALD – Agentur für visuelle Kommunikation, Würzburg
www.silberwald.biz

Karte
Fischer Kartografie, Aichach

Printed in Germany

Repro und Layout:
Artilitho, Lavis -Trento, Italien
www.artilitho.com

Druck und Verarbeitung:
Offizin Andersen Nexö, Leipzig
www.oan.de

ISBN 978-3-88189-011-3

Weitere Bücher finden Sie unter:
www.verlagshaus.com

Kai-Uwe Küchler lebt und arbeitet in Zeuthen. Seit 1993 zeigt er professionelle Diashows zu Zielen im Himalayaraum, im südlichen Afrika, in Nordeuropa und in Südamerika. Bei mehreren Reisen mit den Postschiffen ist er dem Mythos Hurtigruten nachgegangen. Im Verlagshaus Würzburg sind von Kai-Uwe Küchler unter anderem Bildbände über Tibet und Island sowie zahlreiche Kalender erschienen. Nähere Informationen zu Vortragsthemen und -terminen finden Sie unter www.art-adventure.de

Umschlag vorne:
Seit über 100 Jahren versehen Hurtigruten-Postschiffe zuverlässig ihren Dienst. Hier zwei Schiffe der neuesten Generation vor Henningsvær.

Umschlag hinten:
Noch immer fahren die Hurtigruten-Schiffe unter der Flagge der norwegischen Post. Obwohl diese heute von Flugzeugen in den hohen Norden befördert wird (das geht einfach schneller), haben die Schiffe noch immer eine gewisse Bedeutung bei der Beförderung von Fracht.